Méthodologie appliquée en scie

CW00508117

Lounis Oukaci

Méthodologie appliquée en sciences sociales et sciences humaines

Concevoir un projet de recherche

Presses Académiques Francophones

Impressum / Mentions légales

Bibliografische Information der Deutschen Nationalbibliothek: Die Deutsche Nationalbibliothek verzeichnet diese Publikation in der Deutschen Nationalbibliografie; detaillierte bibliografische Daten sind im Internet über http://dnb.d-nb.de abrufbar.
Alle in diesem Buch genannten Marken und Produktnamen unterliegen warenzeichen-, marken- oder patentrechtlichem Schutz bzw. sind Warenzeichen oder eingetragene Warenzeichen der jeweiligen Inhaber. Die Wiedergabe von Marken, Produktnamen, Gebrauchsnamen, Handelsnamen, Warenbezeichnungen u.s.w. in diesem Werk berechtigt auch ohne besondere Kennzeichnung nicht zu der Annahme, dass solche Namen im Sinne der Warenzeichen- und Markenschutzgesetzgebung als frei zu betrachten wären und daher von jedermann benutzt werden dürften.

Information bibliographique publiée par la Deutsche Nationalbibliothek: La Deutsche Nationalbibliothek inscrit cette publication à la Deutsche Nationalbibliografie; des données bibliographiques détaillées sont disponibles sur internet à l'adresse http://dnb.d-nb.de.
Toutes marques et noms de produits mentionnés dans ce livre demeurent sous la protection des marques, des marques déposées et des brevets, et sont des marques ou des marques déposées de leurs détenteurs respectifs. L'utilisation des marques, noms de produits, noms communs, noms commerciaux, descriptions de produits, etc, même sans qu'ils soient mentionnés de façon particulière dans ce livre ne signifie en aucune façon que ces noms peuvent être utilisés sans restriction à l'égard de la législation pour la protection des marques et des marques déposées et pourraient donc être utilisés par quiconque.

Coverbild / Photo de couverture: www.ingimage.com

Verlag / Editeur:
Presses Académiques Francophones
ist ein Imprint der / est une marque déposée de
OmniScriptum GmbH & Co. KG
Heinrich-Böcking-Str. 6-8, 66121 Saarbrücken, Deutschland / Allemagne
Email: info@presses-academiques.com

Herstellung: siehe letzte Seite /
Impression: voir la dernière page
ISBN: 978-3-8416-3106-0

Copyright / Droit d'auteur © 2015 OmniScriptum GmbH & Co. KG
Alle Rechte vorbehalten. / Tous droits réservés. Saarbrücken 2015

Méthodologie Appliquée en Sciences Sociales et Sciences Humaines

Licence ; Master ; Doctorat

Introduction

But (s)

Cet ouvrage (enseignement programmé) est le fruit d'un assemblage de cours de méthodologie appliquée visant le développement de la rigueur de pensée et de l'esprit scientifique chez l'étudiant en sciences sociales et humaines. Il recherche ce but au moyen d'apprentissages théoriques de base associés à des exercices pratiques.

Objectif(s)

Au terme de cet ouvrage de méthodologie des Sciences sociales et humaines, l'étudiant sera capable : D'expliquer les différentes étapes et les concepts fondamentaux de la méthode scientifique dans les termes appropriés. D'identifier les principales méthodes de recherche scientifique et les techniques de base associées à ces différentes méthodes. D'expliquer la procédure logique et les pratiques particulières mises en œuvre à l'intérieur de l'une des méthodes des Sciences sociales et humaines. D'interpréter des résultats de recherches scientifiques. De réaliser une recherche scientifique rigoureuse. De rédiger un rapport de recherche selon les règles du genre.

La Théorie

Le modèle de base : observation, hypothèses, expérimentation, analyse. Particularités des Sciences sociales et humaines : sujet/objet, contrôle expérimental, complexité des phénomènes. Méthodes types en Sciences sociales et humaines: expérimentale, par enquête, historique, règles, étapes et processus rationnel de la méthode, activités d'observation, techniques de recherche et d'analyse, portée des résultats.

La Méthode.

L'esprit scientifique implique l'usage d'une série de procédures précises et dont on rend compte par écrit. Dans les travaux scientifiques on consacre toujours une part importante de ses conclusions à rendre compte des étapes qui ont été franchies (même dans les journaux, quand on présente un sondage, on donne toujours la méthodologie et la marge d'erreur).

Il faut enfin savoir que pour les scientifiques, les résultats n'ont pas de valeur en soi, une étude sera jugée d'abord et avant tout sur la rigueur de la méthode employée.

L'Ouverture d'Esprit.

L'esprit scientifique implique une ouverture à toutes les manifestations d'un phénomène. Cela ne signifie ni «*neutralité*» ni «*indifférence*», mais simplement de ne rien prendre pour acquis et de ne considérer comme faux ou comme vrai que ce qui a été démontré ou non par la méthode scientifique. La forme la plus classique est le «paradoxe de vérité» illustré par l'épistémologue Karl Popper. Un exemple courant d'ouverture d'esprit est lorsqu'un chercheur conclue que son hypothèse était fausse et qu'il n'a pas pu la prouver. Il est neutre devant les résultats et ne cherche pas à prouver d'une manière malhonnête une idée qu'il cherche pourtant à défendre.

L'Objectivité.

C'est une qualité bien connue et très importante. Comme il est impossible de se débarrasser tout à fait de ses croyances et de ses convictions, le chercheur en tient compte en les annonçant et en les plaçant au cœur de ses hypothèses. L'objectivité consiste à ensuite vérifier la valeur de son hypothèse d'une manière neutre et rigoureuse afin, entre autres, que la valeur de sa démonstration ne soit pas mise en doute par ceux qui ne partagent pas ses convictions.

ÉTAPE 1 :

CONSTRUCTION ET RÉDACTION DE VOTRE PROBLÉMATIQUE :

La toute première étape de votre recherche empirique consiste à construire et à rédiger une problématique.

1. **LA CONSTRUCTION D'UNE PROBLÉMATIQUE :**
   CE QU'IL FAUT FAIRE AVANT DE RÉDIGER

- La recherche est un travail d'équipe.
- La construction d'une problématique débute donc par la formation de votre équipe.
- Une fois votre équipe formée, vous devez choisir un thème de recherche.
- Vous avez choisi un thème ? Il faut maintenant recenser les écrits qui concernent ce thème.
- Commencez cette recension en lisant l'un des cinq textes disponibles à la bibliothèque.
- À ce stade-ci, il est possible de changer de thème si votre premier choix ne vous inspire guère.

2. **RÉDIGER VOTRE PROBLÉMATIQUE :**
   2.1. QU'EST-CE QU'UNE PROBLÉMATIQUE ?

- La problématique est un court texte qui présente au lecteur votre problème de recherche.
- Un problème de recherche est une question pour laquelle il n'existe actuellement aucune réponse valable ou pleinement satisfaisante.
- Le but de votre recherche consiste donc à trouver une réponse à cette question, une solution à ce problème.
- Pour vous aider à comprendre ce qu'est une problématique, consultez les exemples suivants : Modèle de problématique dans cet ouvrage.

  Attention : Vous devez commencer à rédiger votre problématique même si vous n'avez pas encore trouvé votre problème de recherche ou votre seconde source ; le thème et les fiches de lecture de la première source permettent de commencer la rédaction du texte.

2.2. LES PRINCIPES À OBSERVER LORS DE LA RÉDACTION DE LA PROBLÉMATIQUE

- Lorsqu'on rédige une problématique, il ne faut jamais perdre de vue que le lecteur ignore tout de votre sujet. Il ne peut donc pas deviner vos intentions, ni le sens que vous accordez aux différents concepts de votre problème. Soyez donc explicite et clair; définissez vos concepts, donnez des exemples, précisez votre pensée en bas de page, etc.

- Il faut s'en tenir aux faits et théories rapportés par des sources scientifiques et exclure toute considération d'ordre personnel. On ne doit faire mention ni de ses sentiments ni de ses opinions (Ex : «Je trouve ça bon» ou «Personnellement, je pense que c'est très clair», etc.).

- Il faut utiliser vos fiches de lecture pour rédiger votre texte ; votre problématique doit en être le reflet fidèle.

- Vous devez citer vos sources tout au long du texte et en références à la fin du texte ; le principe est simple : une idée = une source.

- Votre problématique n'est pas un collage de citations. Il faut donc éviter les citations textuelles, sauf pour les définitions. Vous devez donc à paraphraser vos sources (c'est-à-dire reformuler les idées d'un auteur sans en trahir le sens).

- Il est également indispensable d'avoir sous la main un dictionnaire, une grammaire et un guide de conjugaison.

- Finalement, vous devez rédiger votre texte dans un style scientifique, et non littéraire ou journalistique.

3. LA RÉDACTION DE LA PROBLÉMATIQUE : LE CONTENU DU RAPPORT I

Votre premier rapport de recherche contient les 3 éléments suivants, dans l'ordre :

A- La page- titre de votre problématique

B- La problématique ou le texte qui présente votre problème

C- Les références sur lesquelles s'appuie votre problématique

3.1. LE TITRE ET LA PAGE DE PRÉSENTATION

- Placez le titre de votre problématique sur la page de présentation de votre rapport.

- Ce titre contient la ou les variable(s) à l'étude (X et Y) ainsi que la nature de la relation qui unit ces deux variables (effet, incidence, influence, etc.).

- Généralement, la variable Y correspond à votre thème, au sujet étudié ; alors que la variable X renvoie aux causes de Y, donc au problème.

- Le titre doit être à la fois bref et précis ; évitez les titres chocs ou accrocheurs, les questions, etc.

Attention : il ne s'agit pas du titre définitif de votre recherche car la population étudiée sera choisie à l'étape suivante, la méthode.

Exemple d'un bon titre : **L'influence de l'âge sur le comportement d'aide des étudiant-e-s.**

LA PROBLÉMATIQUE : SA STRUCTURE LOGIQUE

- La problématique est un court texte qui présente votre problème de recherche.
- La première version de ce texte est rédigée à partir d'au moins deux sources ; quatre pour la version finale.
- La première version fait 3 à 4 pages ; la version finale, 5 à 6 pages (plus la page-titre).
- La recension des écrits - ou lecture des sources - et la rédaction des fiches de lecture vous permettront de rédiger votre problématique.
- Ce texte est rédigé dans un style scientifique conformément aux normes de rédaction scientifiques.
- Sur le plan de la structure, la problématique doit être rédigée selon le modèle ou le principe de l'entonnoir.
- La problématique se divise donc en trois parties :
    1. L'introduction
    2. Le développement
       2.1. Ce que l'on sait ou l'état de la question
       2.2. Ce que l'on veut savoir ou la formulation du problème
    3. La conclusion

a) L'introduction ou la mise en situation

Quel est le problème de votre recherche ? La réponse à cette question se trouve : 1) dans

- l'introduction ou la mise en situation de votre problématique ; et de façon plus précise dans la formulation de votre problème.
- Dans l'introduction, l'auteur fait part au lecteur de son intérêt pour le thème de recherche en le situant dans le contexte actuel de la recherche. Il doit montrer en quoi le problème choisi est pertinent ou digne d'intérêt.
- Il s'agit donc d'amener et de poser brièvement le sujet (thème, plus problème général).

- Dans l'introduction, vous n'avez pas à formuler le problème de façon précise ; l'annoncer, sans autres détails, suffit.

  Attention : vous pouvez diviser le sujet, mais ce n'est pas nécessaire, à vous de choisir.

- Dans l'ordre, on rédige habituellement l'introduction une fois que le problème est clairement posé, donc après le développement et la conclusion, bref à toute fin.

  Attention : pas de sous-titre pour annoncer l'introduction.

- Longueur : 1 ou 2 paragraphes ou 1/3 de page à interligne et demie (1 1/2), police 10 ou 12.

- Plus de détails concernant la présentation de ce rapport ?

  b) Le développement, à son tour, se divise en deux :

  ✓ **L'état de la question ou « ce que l'on sait » du thème de votre choix**

- Il s'agit ici de circonscrire le problème en commençant par :

- Définir le phénomène à l'étude (définitions des concepts, variantes ou types, plus un bref exemple, au besoin).

- Expliquer ce phénomène en présentant ses causes (=concepts, théories, modèles, causes, facteurs, explications).

- Vous devez également appuyer ces théories sur des faits ou des résultats qui proviennent de recherches scientifiques ; si possible, fournir des résultats (moyenne, écart, %) et préciser la méthode utilisée pour recueillir les résultats (observation, questionnaire, entrevue, recherche en laboratoire, etc.).

- Présenter une première théorie (expliquer) ainsi que les faits qui la confirment (appuyer); puis une seconde théorie, plus des faits, et ainsi de suite.

- Vous devez présenter au moins une recherche en détail (méthode, outil de collecte de données, variable(s) à l'étude, population à l'étude, etc.).

- Toutes les informations pour définir, expliquer et appuyer se trouvent dans vos fiches de lecture.

- On commence habituellement la rédaction d'une problématique par l'état de la question (et non l'introduction).

- Vous devez commencer à rédiger votre problématique même si vous n'avez pas encore trouvé votre problème de recherche ; le thème et les fiches de lecture de la première source permettent de commencer la rédaction de l'état de la question.

Attention : pas de sous-titre pour annoncer le développement ou ses parties.

- Longueur: 2 à 3 pages (première version ou 75 % du texte).
- Il s'agit de la partie la plus longue de votre rapport I.

✓ **La formulation du problème de recherche ou « ce que l'on veut savoir »**

- Il s'agit ici de relever une faille ou une lacune dans les connaissances actuelles, «ce qu'on ne sait pas», donc un problème.
- Il faut d'abord montrer au lecteur en quoi il est pertinent de résoudre ce problème.
- Ce problème doit ensuite être transformé en question de recherche, ou «ce que l'on veut savoir».
- Finalement, vous devez justifier la recherche d'une réponse, en montrant l'intérêt **ou l'utilité** de résoudre ce problème (sur le plan méthodologique, théorique, empirique ou social). À quoi servira votre recherche ? Que va t-elle nous permettre de mieux comprendre ? Pourquoi est-elle utile ?

Attention : pas de sous-titre pour annoncer « ce que l'on cherche à savoir ».

Longueur : deux paragraphes ; le premier pour relever la faille, montrer la pertinence d'en savoir plus et formuler une question de recherche ; le second pour justifier la recherche d'une solution.

c) La conclusion ou la formulation d'une hypothèse ou d'un objectif

- Dans cette troisième et dernière partie, vous devez formuler une solution provisoire à votre problème : une hypothèse, sinon un objectif.
- Cette hypothèse doit être logiquement déduite de votre problématique .La vérification de cette hypothèse (ou l'atteinte de l'objectif) constitue le but premier de toute recherche.

Attention : pas de sous-titre pour annoncer la formulation de l'hypothèse ou de l'objectif.

3.2. LES RÉFÉRENCES

- Il s'agit ici de présenter les références complètes des sources sur lesquelles vous vous êtes appuyés pour rédiger votre problématique.

- Ces références, annoncées par le sous-titre centré *Références*, sont présentées :
    - à la fin de la problématique, à la suite du texte, et non sur une nouvelle page.
    - en ordre alphabétique.
    - suivant les règles de présentation des sources en référence.

Attention : il faut utiliser le mot *Références,* et non *Bibliographie.*

4. LES ÉTAPES DE LA RÉDACTION D'UNE PROBLÉMATIQUE

- Vous devez commencer à rédiger votre problématique même si vous n'avez pas encore trouvé votre problème ; le thème à lui seul permet de rédiger le 3/4 de votre texte.

- le gabarit de la problématique pour vous aider à rédiger votre problématique.

- Commencez la rédaction de votre problématique par l'état de la question ou «ce que l'on sait» de votre thème ; rédigez l'introduction à la toute fin du travail.

- Définissez clairement votre thème dans le premier paragraphe de «ce que l'on sait».

- Dans le paragraphe suivant, présentez une première explication/théorie appuyée, si possible, par les résultats d'une recherche.

- Puis, présentez une seconde théorie appuyée par des faits et des résultats de recherche, et ainsi de suite.

- Suivez le modèle de l'entonnoir afin d'amener logiquement la formulation de votre problème.

- Présentez ensuite ce problème : faille ou lacune dans nos connaissances, question de recherche et justification.

- Concluez votre problématique en formulant une hypothèse ou un objectif.

- Rédigez ensuite la section *Références*

5. **TROUVER UN PROBLÈME DE RECHERCHE, POSER UNE QUESTION, FORMULER UNE HYPOTHÈSE**

- La problématique est un court texte qui présente au lecteur votre problème de recherche.
- En science, un problème est une question pour laquelle il n'existe actuellement aucune réponse claire et satisfaisante.
- Le but de votre problématique est de formuler clairement un problème et de trouver une solution à ce problème en mettant sur pied une recherche empirique qui aura pour but de vérifier votre hypothèse/objectif.

6. **PRÉSENTER ORALEMENT VOTRE PROBLÈME**

- En équipe, vous devez présenter oralement votre problème à la classe devant le promoteur.

7. **PRÉSENTER VOTRE PROBLÈME PAR ÉCRIT : RAPPORT I**

- Attention : Remise du rapport I.
- Plus de détails sur ce rapport ?

ÉTAPE 1.1 : FORMER VOTRE ÉQUIPE DE RECHERCHE

Deux à trois étudiant-e-s par équipe.

- Bien choisir vos binômes car vous aurez à travailler avec eux pendant toute la session.
- En équipe, consultez le calendrier des activités de votre recherche.
- Une fois votre équipe formée, choisissez un thème.

ÉTAPE 1.2 : CHOISIR VOTRE THÈME DE RECHERCHE

- Pour choisir votre thème, votre équipe doit se rendre à la bibliothèque et lire au moins deux sources.
- Il est préférable de jeter un coup d'œil à plus d'un texte avant d'arrêter votre choix.
- S.V.P. ne consultez qu'un seul texte à la fois.

Ces livres sont la première source de votre recension des écrits.

Les thèmes de recherche

- **THÈME 1- L'envahissement du territoire :** MYERS, D.G. et LAMARCHE, L. (1992). *Psychologie sociale.* Saint-Laurent : McGraw-Hill.

- **THÈME 2 - Le conformisme :** ALAIN, M. (1993). Les influences sociales. Dans R.J. Vallerand (Dir.), *Les fondements de la psychologie sociale* (p. 619-653). Boucherville Gaëtan Morin éditeur.

- **THÈME 3 - Les différences sexuelles :** RATHUS, S.A. (1991). *Psychologie générale.* Montréal : Éditions Études Vivantes.

- **THÈME 4 - L'attraction interpersonnelle :** GERGEN, K.J., GERGEN, M.M. et JUTRAS, S. (1992). *Psychologie sociale.* Laval : Éditions Études Vivantes.

- **THÈME 5 - Le comportement d'aide :** GERGEN, K.J., GERGEN, M.M. et JUTRAS, S. (1992). *Psychologie sociale.* Laval : Éditions Études Vivantes

ÉTAPE 1.3 : QU'EST QU'UNE RECENSION DES ÉCRITS ?

- Vous avez choisi votre thème ? Si oui, commencez maintenant votre recension des écrits.
- Le but de la science est de résoudre des problèmes.
- Un problème est une question pour laquelle il n'existe actuellement aucune réponse satisfaisante. C'est **«ce que l'on veut savoir»**.
- Pour résoudre un problème, il faut faire des recherches théoriques et empiriques.
- Les résultats de ces recherches sont publiés sous forme d'article scientifique, de livre et de chapitre de livre (parfois de conférence ou de colloque scientifique).
- L'ensemble de ces sources écrites et orales constitue le savoir d'une science, **«ce que l'on sait»**.
- Ce savoir ou cette connaissance se trouve dans les bibliothèques universitaires et (un peu sur Internet).
- Avant de réaliser une recherche ou de formuler un problème, il faut absolument prendre connaissance de ce savoir.
- Cette tâche - **recenser les écrits** - consiste à trouver et à lire des livres et des articles qui traitent du thème de votre choix.
- Combien de livres et d'articles ? Au moins quatre, mais en recherche il n'y a pas un nombre prescrit ; on s'arrête habituellement de lire lorsqu'on a une idée claire du problème, et on recommence quand on se rend compte que ce n'était pas si clair que ça !
- Ces quatre sources - que l'on nomme sources primaires - vous permettront de trouver un problème de recherche et de rédiger votre problématique.

Attention : vos sources doivent être à caractère scientifique.

- Il peut s'agir de monographies (livres et chapitres de livre), d'articles scientifiques (périodiques), de dictionnaires scientifiques, d'encyclopédies spécialisées et, dans certains cas, de sites internet.
- Ensuite, vous devez trouver une seconde source.
- La première version de votre problématique repose sur ces deux sources primaires ; la version finale, sur quatre, incluant vos deux premières sources.
- Vous devez donc trouver au moins deux sources supplémentaires pour rédiger la version finale de votre problématique.

Attention : Vous devez faire des fiches pour les quatre sources

12

L'introduction : présentation du thème + plus problème général

Le développement :1) L'état de la question ou ce que l'on sait = Définitions de concepts, + théories + méthode + résultats de recherche

Le développement : 2) La formulation du problème ou ce que l'on veut savoir = faille dans nos connaissances + pertinence du problème + question de recherche + justification de votre démarche

La conclusion : Formulation d'une hypothèse (à défaut, un objectif)

Étapes pratiques : Vérification de cette hypothèse au moyen d'une recherche empirique

ÉTAPE 1.4-a- MODÈLE DE FICHES DE LECTURE

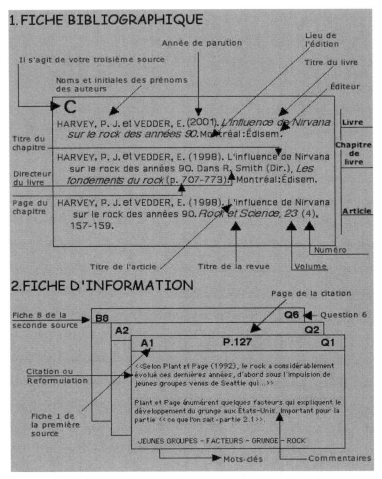

www.collegeahuntsic.qc.CA/page dept/Sc_Sociales/psy/methosite/consignes/cites sources.htm

ÉTAPE 1.5 : COMMENT CITER SES SOURCES

En science, il faut citer ses sources pour :

- appuyer ses propres idées.
- permettre au lecteur de vérifier la valeur de nos arguments et de nos interprétations.
- donner crédit à ceux et celles qui ont contribué à l'avancement des connaissances.
- éviter le plagiat

Je veux citer mes sources...

1. Dans mes fiches bibliographiques
2. Dans ma problématique
3. En référence de ma problématique

1- Les fiches bibliographiques :

- Il faut rédiger une fiche bibliographique pour chaque source consultée et citée dans la problématique.
- Il vous faut un minimum de deux sources (A-B) pour rédiger la première version de votre problématique ; et quatre sources pour la version finale (A-B-C-D).
- Ces sources doivent être à caractère scientifique.
- Le format de référence des sources varie selon que la source est un livre, un chapitre de livre ou un article scientifique.
- Il est donc très important d'apprendre à distinguer ces trois formats de référence.
- Pour tous les autres cas (site internet, article trouvé sur un site internet, dictionnaire scientifique), consultez la rubrique En références.

2- Dans le texte de votre problématique :

Il existe deux façons de citer ses sources dans le texte :

1. En de bas de page, comme en histoire ou en philosophie = méthode classique.
2. Directement dans le texte, entre parenthèses = méthode auteur-date.

- Dans cet ouvrage, nous utiliserons la méthode auteur-date, qui s'inspire fortement des règles de citation de l'American Psychological Association (APA), adaptées au contexte québécois.

En voici les principales règles :

- Citer vos sources primaires dans le texte
- Citer vos sources secondaires dans le texte
- Paraphraser les propos d'un auteur

15

- Citer textuellement vos définitions
- Citer vos sources entre parenthèses par ordre alphabétique
- Plus de deux auteurs ont contribué à une recherche ?
  - Entre parenthèses, écrivez : *et al.*
  - Dans le texte, écrivez : et ses collaborateurs
- Lorsque plus de deux auteurs ont contribué à une même recherche trois auteurs et plus
- Citer toutes vos sources, même si une phrase compte deux sources ou plus
- Citer les sites internet que vous consultez
- Citer un article scientifique trouvé sur Internet
- Citer un dictionnaire scientifique
- Voir l'exemple d'une problématique

Citer vos sources primaires dans le texte.

- Une source primaire est une source que vous avez lue.
- Il y a deux façons de citer les auteurs d'une source primaire (livre, chapitre de livre ou article).
- Ou bien on indique le nom des auteurs et l'année de parution de la source entre parenthèses, comme dans l'exemple suivant :

> Les agresseurs sexuels auraient des lacunes importantes sur le plan des habiletés sociales (Quinsey et Earls, 1990).

- Il faut alors mettre une virgule à la suite du nom et indiquer l'année de parution de la source.
- Cette parenthèse est habituellement placée à la fin de la phrase.
- Ou bien on indique le nom des auteurs dans la phrase, comme dans l'exemple suivant :

> Selon Quinsey et Earls (1990), les agresseurs sexuels auraient des lacunes importantes sur le plan des habiletés sociales.

- On indique alors l'année de parution de la source entre parenthèses, à la suite des noms.
- Dans tous les cas, ne jamais inscrire le prénom, l'initiale du prénom ou le titre de la source, dans la phrase ou entre parenthèses.

- Le point, qui marque la fin de la phrase, est toujours placé après la parenthèse, et non avant.
- Utiliser «et» plutôt que «&» lorsque la référence est composée de deux auteurs.
- S'il y a plus de deux auteurs, utilisez l'expression *et al.* en italique, plutôt que de citer entre parenthèses les noms de tous les auteurs ou et ses collaborateurs dans le texte

---

Les agresseurs sexuels ont souvent été victimes de diverses formes de maltraitance en bas âge ~~(Bouchard, St-Amant et Fortin, 1990)~~.

Selon ~~Bouchard, St-Amant et Fortin~~ (1990), les agresseurs sexuels ont souvent été victimes de diverses formes de maltraitance en bas âge.

Les agresseurs sexuels ont souvent été victimes de diverses formes de maltraitance en bas âge (Bouchard *et al,* 1990).

Selon Bouchard et ses collaborateurs (1990), les agresseurs sexuels ont souvent été victimes de diverses formes de maltraitance en bas âge.

Citer vos sources secondaires dans le texte.

- Une source secondaire est une source que vous n'avez pas lue (p.105 et 269-270 de votre livre).
- Par exemple, si l'auteur du texte que vous êtes en train de lire, Meyer, présente les travaux de Hearn et Parkins (1983), mais que vous n'avez pas lu ces deux auteurs, vous devez les citer ainsi.

Sexualité et pouvoir sont généralement traités comme des domaines séparés (Hearn et Parkins, 1983, cité dans Meyer, 1996).

Ou

Sexualité et pouvoir sont généralement traités comme des domaines séparés (Hearn et Parkins, 1983 : voir Meyer, 1996).

- Les deux formats sont en usage en science ; le premier est plus fréquent.
- Attention : dans la section Références, à la fin de votre problématique ou de votre rapport final, selon le cas, il faut inscrire la référence de Meyer puisque vous n'avez pas lu Hearn et Parkins.

17

- Si le nom de l'auteur de la source secondaire est cité dans le texte, on place l'année de publication de cette source entre parenthèses, et on ajoute la source primaire, comme dans l'exemple suivant

> Selon Hearn et Parkins (1983, cité dans Meyer, 1996), les agresseurs sexuels auraient des lacunes importantes sur le plan des habiletés sociales.

Paraphraser les propos d'un auteur

- Sauf pour les passages obscurs, les définitions ou les citations célèbres, vous devez paraphraser les propos de l'auteur, c'est à dire reformuler ses idées sans en trahir le sens, et indiquer la source de votre référence à la fin de la phrase, entre parenthèses, comme dans l'exemple ci-dessous

> Les agresseurs sexuels auraient des difficultés importantes lors de rencontres interpersonnelles et encore plus lors de situations hétéro sociales ou sexuelles comparativement aux hommes normaux (Quinsey et Earls, 1990).

- **Attention** : paraphraser ne consiste pas à copier les propos de l'auteur. Prenez garde au plagiat !

Citer textuellement les définitions

- La citation textuelle est utilisée pour définir les concepts les plus importants de la problématique. Elle est aussi utilisée lorsqu'il est impossible de paraphraser les propos de l'auteur (ex : phrases célèbres, passages obscurs, équations mathématiques, etc.) ou lorsqu'on désire attirer l'attention du lecteur sur l'originalité du propos. Un texte rempli de citations textuelles n'est pas agréable à lire. Qui plus est, il ne fait pas la démonstration de votre capacité de synthèse et d'analyse.

- Lorsque vous reprenez intégralement les propos d'un auteur, vous devez utiliser les guillemets français « » et indiquer la page consultée après la date, entre parenthèses, comme dans l'exemple suivant :

> « La pornographie transpose au plan des comportements sexuels une domination que les hommes, en tant que classe, exercent sur les femmes dans tous les domaines de la vie » (Carrier, 1983, p. 19).

18

- Omettre volontairement les guillemets = plagiat !
- Si la citation textuelle fait quatre lignes ou plus, ce qui est peu fréquent, vous devez la placer en retrait du texte à simple interligne.
- Voici un exemple :

> Ce terme renvoie non seulement aux déterminants des rapports sexuels mais aussi à toutes les formes de relation de pouvoir entre les sexes.
>
> Pornotopie ne réfère pas uniquement aux manifestations extrêmes de ce pouvoir, comme le viol, les relations sadomasochistes mais aussi et surtout aux normes qui façonnent les rôles sexuels par la publicité, la mode, la littérature dite "érotique", l'éducation sexuelle et qui déterminent quotidiennement les relations hommes-femmes (Théorêt et Gladu, 1984, p.16).En effet, selon de nombreux auteurs, les normes façonnées par notre culture entretiennent un répertoire de comportements stéréotypés très rigide et fort...
>
> Les auteurs(es) précisent que la pornographie est un des véhicules du modèle sexuel dominant (Théorêt et Gladu, 1984).

Citer vos sources entre parenthèses par ordre alphabétique.
- Il arrive que plusieurs auteurs partagent la même idée ou ont obtenu des résultats de recherche identiques ou équivalents.
- Le cas échéant, citer toutes les références et les mettre en ordre alphabétique entre parenthèses.
- Attention : un point-virgule sépare la référence de chaque source.

> Un certain nombre de facteurs d'ordre individuel, familial et social ont été relevés comme facteurs étiologiques possibles de la délinquance sexuelle juvénile (Awad et Saunders, 1991 ; Breer, 1988 ; Prentky et Knight, 1993).

- Plus de deux auteurs ont contribué à une même recherche : deux cas possible
1. utilisé *et al.* Entre parenthèses lorsque plus de deux auteurs ont contribué à une même recherche ?
- Lorsque la référence d'une source entre parenthèses comporte trois auteurs ou plus, il est d'usage pour alléger le texte d'utiliser l'abréviation *et al.* entre parenthèses.

Autre fait important, la présence d'abus physiques et sexuels doublée de négligence dans le milieu familial a été relevée comme une caractéristique familiale fréquente chez les jeunes délinquants sexuels comparativement aux autres types de délinquants (Awad et Saunders, 1989 ; Fehrenbach *et al.* 1986 ; Hsu et Starzynski, 1990 ; Pierce et Pierce, 1987 ; Worling, 1995).

- Dans cet exemple, Kaplan et Kavoussi - les collègues de Fehrenbach - ne sont pas cités entre parenthèses. Ils sont remplacés par *et al.*
- *et al.* est l'abréviation de l'expression latine *et al*, qui signifie : et les autres.
- L'abréviation est en italique ; ajoutez une virgule à la suite de l'expression

2. Utiliser *et al ses collaborateurs* dans le texte lorsque plus de deux auteurs ont contribué à une même recherche ?

- Lorsqu'une référence dans le texte comporte trois auteurs ou plus, il est d'usage pour alléger le texte d'utiliser l'expression et ses collaborateurs, comme dans l'exemple ci-dessous :

Fehrenbach et ses collaborateurs (1986) ont montré que la présence d'abus physiques et sexuels doublée de négligence dans le milieu familial est un...

- **Attention** : ne pas utiliser *et al.* ou et ses collaborateurs dans la section *Références* ; fournir dans ce cas la référence complète.
⇒ Citer toutes vos sources, même si une phrase compte deux références ou plus
- Une phrase contient parfois des idées provenant de deux sources différentes.
- Si tel est le cas, vous devez fournir la référence de chacune des sources.

Bien que les adolescents agresseurs sexuels ne forment pas un groupe homogène (Awad, 1991), un certain nombre de facteurs d'ordre individuel, familial et social ont été relevés comme facteurs étiologiques possibles de la délinquance sexuelle juvénile (Breer, 1988).

⇒ **Citer un site Internet**
- Avant d'utiliser une source de ce type, assurez-vous de la pertinence et de la fiabilité des informations qu'elle contient. Voir qu'est-ce qu'une source scientifique ?

- Dans le texte, on cite un site internet comme un livre.
- Entre parenthèses, on indique le nom de l'auteur ou de l'organisme concerné, ainsi que la date de la dernière mise à jour du site.

> Les agresseurs sexuels auraient des difficultés importantes lors de rencontres interpersonnelles et encore plus lors de situations hétéro sociales ou sexuelles comparativement aux hommes normaux (Quinsey et Earls, 2005).

⇒ **Citer un article scientifique trouvé sur site Internet**
- Avant d'utiliser une source de ce type, assurez-vous de la pertinence et de la fiabilité des informations qu'elle contient. Voir qu'est-ce qu'une source scientifique ?
- Entre parenthèses, on indique le nom de l'auteur et la date de dépôt de l'article.
- En fait, ces règles sont identiques aux règles de citation d'un article scientifique publié dans une revue scientifique.

> Les agresseurs sexuels auraient des difficultés importantes lors de rencontres interpersonnelles et encore plus lors de situations hétérosociales ou sexuelles comparativement aux hommes normaux (Quinsey et Earls, 2005).

⇒ **Comment citer un dictionnaire ou un lexique scientifique ?**
- Attention : le Petit Robert ou le Multidictionnaire ne sont pas des dictionnaires scientifiques.
- Dans le texte, on cite le nom de l'auteur ou du directeur de l'ouvrage, ainsi que l'année de parution.

> Le conditionnement opérant est l'association en contingence entre une réponse et ses conséquences (Malcuit et Pomerleau, 2003).

- S'il y a plus de trois auteurs, comme c'est souvent le cas, on cite le titre de l'ouvrage entre parenthèses.

> Le conditionnement opérant est l'association en contingence entre une réponse et ses conséquences (Dictionnaire des sciences humaines, 2003)

ATTENTION !

Les consignes que nous vous proposons dans ce manuel sont importantes. Vous devez observer ces règles et ces consignes. Elles sont mieux adaptées à la nature du travail que vous devez réaliser.

3- En référence :

- À la fin de votre problématique ou de votre rapport final, selon le cas, dressez la liste de toutes les sources que vous avez consultées et citées dans votre texte.

- Cette liste de références peut contenir : des livres, des chapitres de livre, des articles scientifiques, des sites Internet, des articles déposés sur un site Internet, des dictionnaires scientifiques, des conférences, des communications de séminaires.

- Pour dresser cette liste, vous devez suivre les règles suivantes :
  - Placez le mot **Références** à la suite du texte, au centre de la page (et non le mot *Bibliographie*).
  - Présentez les notices de vos sources par ordre alphabétique, de A à Z.
  - Laissez une ligne entre chaque notice.
- Le format de la notice (référence) varie selon qu'il s'agit d'un :

Voici le format de la notice <u>d'un livre</u>

- Inscrire le nom de l'auteur, suivi de l'initiale de son prénom, le tout en majuscules.
- Pas de prénom, seulement l'initiale.

HENDRIX, J.

- Vous pouvez utiliser les minuscules, à condition de toujours observer cette règle.

Hendrix, J.

- S'il y a deux auteurs, placez un et entre les deux noms, et non un &.
- S'il y a plusieurs auteurs, utilisez une virgule pour les séparer et un *et* pour séparer les premiers du dernier.

HENDRIX, J. et COBAIN, K

HENDRIX, J., JOPLIN, J., VEDDER, E. et COBAIN, K

- Inscrivez l'année de parution de la source entre parenthèses, suivie d'un point

HENDRIX, J. (1998).

- Ajoutez ensuite le titre de l'ouvrage en italique.

HENDRIX, J. (1998). *Les causes du suicide*

- Inscrivez ensuite le lieu de parution et l'éditeur, le tout séparé par deux points.

HENDRIX, J. (1998). *Les causes du suicide.* Montréal : Wood & Stock

Voilà !

HENDRIX, J. (1998). *Les causes du suicide.* Montréal : Wood & Stock.

- S'il y a deux auteurs ou plus...

HENDRIX, J. et COBAIN, K. (1998). *Les causes du suicide.* Montréal : Wood & Stock

- Ou trois auteurs et plus :

HENDRIX, J., COBAIN, K. et MORRISSON, J. (1998). *Les causes du suicide.* Montréal: Wood & Stock.

⇒ **Voici les éléments qui composent la notice d'un chapitre de livre**

- Inscrire le nom de l'auteur, suivi de l'initiale de son prénom, le tout en majuscule.

HENDRIX, J.

- Ajoutez l'année de parution de la source entre parenthèses, suivie d'un point.

HENDRIX, J. (2003).

- Placez ensuite le titre du chapitre, en caractère ordinaire.

HENDRIX, J. (2003). Les causes du suicide.

- Ajoutez le nom du directeur de l'ouvrage + directeur entre parenthèse, en observant la règle suivante:

HENDRIX, J. (2003). Les causes du suicide. Dans E. Nelligan (Dir.),

- Indiquez ensuite le titre du livre en italique, suivi entre parenthèses de la première et de la dernière page du chapitre.

- En français, l'abréviation de page est p., alors qu'en anglais on utilise pp.

HENDRIX, J. (1998). Les causes du suicide. Dans E. Nelligan (Dir.), *Les morsures de l'âme* (p. 23-36).

- Finalement, après le point, inscrire le lieu de l'édition et l'éditeur, le tout séparé par deux points.

HENDRIX, J. (1998). Les causes du suicide. Dans E. Nelligan (Dir.), *Les morsures de l'âme* (p. 23-36). Paris : Les éditions du poète maudit.

- Voilà !

23

HENDRIX, J. (1998). Les causes du suicide. Dans E. Nelligan (Dir.), *Les morsures de l'âme* (p. 23-36). Paris : Les éditions du poète maudit

- Et s'il y a deux directeurs ou plus :

HENDRIX, J. (1998). Les causes du suicide. Dans E. Nelligan et J. Morrisson (Dirs.), *Les morsures de l'âme* (p. 23-36). Paris : Les éditions du père Lachaise.

⇒ **Voici les éléments qui composent la notice <u>d'un article scientifique</u>**

- Inscrire le nom de l'auteur, suivi de l'initiale de son prénom, le tout en majuscule (ou en minuscules).

HENDRIX, J.

- Placez l'année de parution de la source entre parenthèses, suivie d'un point.

HENDRIX, J. (2002).

- Ajoutez le titre de l'article, en caractère ordinaire.

HENDRIX, J. (2002). Les causes du suicide.

- Inscrivez ensuite le nom de la revue ou du périodique en italique, suivi d'une virgule.

HENDRIX, J. (1998). Les causes du suicide. *Psychologie de la personnalité,*

- Finalement, indiquez le volume en italique, le numéro de la revue entre parenthèses (s'il y a lieu) et la première et la dernière page de l'article. HENDRIX, J. (1998). Les causes du suicide. *Psychologie de la personnalité, 11* (3), 23-33.

- Voilà !

HENDRIX, J. (1998). Les causes du suicide. *Psychologie de la personnalité, 11* (3), 23-33.

- Et s'il y a deux auteurs ou plus:

HENDRIX, J. et JOPLIN, J. (1998). Les causes du suicide. *Psychologie de la personnalité, 11* (3), 23-33

⇒ **Citer un <u>dictionnaire scientifique en références</u>**

- Il y a deux façons de citer un dictionnaire scientifique. Si le dictionnaire a été rédigé par trois auteurs ou moins, on utilise le format de notice d'un livre, comme suit:

HENDRIX, J. et JOPLIN, J. (2003). *Dictionnaire de l'histoire du rock.* Montréal : Wood & Stock

- Si le dictionnaire a été écrit par de nombreux auteurs et que seul le nom du directeur de l'ouvrage est disponible, on rédige la référence de la source comme s'il s'agissait d'un livre et on ajoute (Dir.) entre le nom de l'auteur et l'année de l'édition.

SILLAMY, N. (Dir.) (2003). *Dictionnaire de psychologie.* Montréal : Wood & Stock.

⇒ **Citer un <u>site internet en références</u>**

- En références, il faut indiquer le nom de l'auteur en majuscule et le nom du site en italique, comme s'il s'agissait d'un livre.
- Entre parenthèses, inscrire la date de la dernière mise à jour du site (si disponible).
- Ensuite l'adresse internet complète du site (URL) à la fin de la référence.

GAULIN, B. (23 janvier 2006). *Défis sociaux et transformation des sociétés.* Mise à jour: 13 février 2006 sur le site.

http//www.collegeahuntsic.qc.ca/Pagesdept/Sc_Sociales/soci/cours/defi/defi.html

⇒ **Citer en <u>référence un article trouvé sur un site internet</u>**

- En références, il faut inscrire le nom de l'auteur et le titre de son article, en suivant les règles en usage pour citer un article scientifique.
- Entre parenthèses, indiquer la date de publication ou de dépôt de l'article (si disponible).
- Inscrire ensuite l'adresse internet complète du site (URL) à la fin de la référence.

SKINNER, B.F. (1947). Superstition in the pigeon. *Journal of Experimental Psychology, 38*, 168-172. Date de dépôt : 4 mars 2006. http://psychclassics.yorku.ca/Skinner/Pigeon/

- Le but d'une théorie est d'expliquer un ensemble de phénomènes.
- En sciences humaines, les théories répondent à la question « Pourquoi les individus font-ils ou pensent-ils ceci ou cela ? ».
- Au sens strict, une théorie est un ensemble de concepts - au moins deux ! - logiquement reliés.
- En logique, on dira que le concept est l'élément de base de la théorie.

ÉTAPE 1.6 - QU'EST QU'UN PROBLÈME DE RECHERCHE ?

⇒ Dans cette page, vous trouverez :

- Qu'est-ce qu'un problème de recherche : définition
- Comment distinguer un vrai d'un faux problème

1.6. Comment trouver et formuler un problème

1.7. Comment poser une question de recherche

- Comment traduire un problème en question

1.8. Comment formuler une hypothèse ou un objectif

- Comment transformer une question en hypothèse/objectif

⇒ **QU'EST-CE QU'UN PROBLÈME DE RECHERCHE ?**

- Le but de la science est de résoudre des problèmes au moyen de recherches scientifiques.

PROBLÈME ➡ **RECHERCHES SCIENTIFIQUES** ➡ **SOLUTION**

- Un problème de recherche est une faille ou une lacune dans nos connaissances, dans «ce que l'on sait».
- En clair, c'est «ce qu'on ne sait pas» mais ce qui mérite d'être su ou mieux connu.
- En science, il existe deux catégories de problèmes : les vrais et les faux problèmes.
- Un vrai problème de recherche - «ce qu'on ne sait pas et que l'on cherche à savoir» - doit posséder les trois caractéristiques suivantes :

  Le problème est pertinent.
  1. Il n'existe actuellement aucune solution satisfaisante à ce problème.
  2. On peut résoudre ce problème de manière scientifique.

⇒ **COMMENT DISTINGUER LE VRAI DU FAUX ?**

1. Un problème est pertinent s'il y a des raisons valables que l'on s'y attarde, que l'on cherche à le résoudre :

EXEMPLE D'UN FAUX PROBLÈME 1

Un chercheur étudie la mémoire. Après avoir lu plusieurs livres et articles de recherche sur le sujet, il se demande si la couleur des yeux augmente la rétention. Les gens qui ont les yeux bleus retiennent-ils mieux ou plus d'information que les gens qui ont les yeux bruns ?

Ce problème n'est pas pertinent car il n'y a actuellement aucune raison de croire que la couleur des yeux influence la mémoire. À ce jour, on n' a découvert aucun processus ou mécanisme qui permet de croire à l'existence d'une relation entre ces deux variables; et aucune théorie ne suggère qu'une telle relation puisse exister. Il s'agit d'un faux problème car il n'y aucune raison valable de chercher à le résoudre.

2. Un problème de recherche est un vrai problème s'il n'existe actuellement aucune solution permettant de le résoudre de façon satisfaisante. On dira alors qu'il existe une faille ou une lacune dans nos connaissances. S'il existe une solution, le problème n'est plus un problème car il fait maintenant partie de nos connaissances, de «ce que l'on sait». On dira alors qu'il s'agit d'un problème résolu ou d'un vieux problème.

EXEMPLE D'UN FAUX PROBLÈME 2

Une psychologue s'intéresse à l'apprentissage chez le rat. Après avoir lu plusieurs livres et articles de recherche sur la question, elle en vient à se demander si l'eau peut servir à renforcer les comportements de cette espèce.

Il s'agit d'un faux problème car on sait depuis fort longtemps que l'eau est un agent de renforcement chez le rat. Ce problème n'est pas nouveau : il existe déjà une réponse satisfaisante à cette question. Il s'agit donc d'un faux problème car on connait déjà la solution.

3. Un problème est scientifique s'il peut être résolu grâce à la méthode scientifique, sinon on dira qu'il est insoluble ou métaphysique.

EXEMPLE D'UN FAUX PROBLÈME 3

Un psychologue étudie la dépression. Après avoir lu plusieurs livres et articles de recherche sur la question, il en vient à se demander si la présence des anges peut favoriser la guérison des personnes dépressives.

On ne peut répondre scientifiquement à cette question car : 1) aucune théorie scientifique ne postule l'existence des anges ; 2) il n'existe aucun moyen de mesurer leur présence. Il s'agit d'un problème scientifique - la dépression - mais la solution proposée pour le résoudre est de nature religieuse, mystique ou métaphysique, donc non scientifique. Il s'agit d'un faux problème car la solution n'est pas de nature scientifique

4. Lorsque ces trois conditions sont réunies, le problème devient scientifique et fait alors partie de «ce que l'on veut savoir».

✓ **COMMENT TROUVER ET FORMULER UN VRAI PROBLÈME**

• Pour trouver un vrai problème de recherche, il faut lire, donc recenser les écrits d'un domaine de recherche afin de prendre connaissance de « ce que l'on sait » actuellement sur la question ou le thème de notre choix.

• Ensuite, il faut cerner le problème, autrement dit distinguer « ce que l'on sait », « ce que l'on ne sait pas » et «ce que l'on voudrait savoir».

• Finalement, il faut se demander si notre problème est pertinent, nouveau et soluble scientifiquement.

EXEMPLE D'UN VRAIS PROBLÈME 1

Une psychologue étudie la mémoire et les stratégies d'apprentissage des élèves qui fréquentent le collège. Après avoir lu plusieurs livres et articles de recherche sur la question, elle en vient à se demander si faire des Netquiz améliore les résultats scolaires des élèves de ce niveau. Les Netquiz sont des jeux questionnaire conçus pour favoriser la répétition. On sait que la plupart des théories de l'apprentissage s'accordent à dire que la répétition est l'un des facteurs déterminants de l'apprentissage (Sinner, 1985). Par ailleurs, de nombreuses études ont montré que la répétition augmentait la rétention d'information chez les élèves de niveau secondaire (Kinner, 1958). Malheureusement, on ignore si les Netquiz constituent un moyen efficace d'augmenter la répétition chez les collégien-e-s qui fréquentent le collège. C'est donc une faille ou une lacune dans nos connaissances car personne ne peut affirmer hors de doute que tel est le cas.

ÉTAPE 1.7- POSER UNE QUESTION DE RECHERCHE

Vous devez ensuite traduire votre problème en une question de recherche, bref précisé « ce que l'on veut savoir » au moyen d'une question claire et précise.

Une psychologue étudie la mémoire et les stratégies d'apprentissage des élèves qui fréquentent le collège. Après avoir lu plusieurs livres et articles de recherche sur la question, elle en vient à se demander si faire des Netquiz améliorent les résultats scolaires des élèves de ce niveau. Les Netquiz sont des jeux questionnaire conçus pour favoriser la répétition. On sait que la plupart des théories de l'apprentissage s'accordent à dire que la répétition est l'un des facteurs déterminants de l'apprentissage (Sinner, 1985). Par ailleurs, de nombreuses études ont montré que la répétition augmentait la rétention d'information chez les élèves de niveau secondaire (Kinner, 1958). Malheureusement, on ignore si les Netquiz constituent un moyen efficace d'augmenter la répétition chez les étudiant-e-s qui fréquentent le collège. C'est donc une faille ou une lacune dans nos connaissances car personne n'est en mesure de répondre à cette question : les Netquiz augmentent-t-il la rétention d'information dans les cours du niveau collégial ?

- Là Vous devez justifier quête d'une solution en montrant l'utilité de votre recherche. À quoi servira cette solution ?

Une psychologue étudie la mémoire et les stratégies d'apprentissage des élèves qui fréquentent le collège. Après avoir lu plusieurs livres et articles de recherche sur la question, elle en vient à se demander si faire des Netquiz améliorent les résultats scolaires des élèves de ce niveau. Les Netquiz sont des jeux questionnaire conçus pour favoriser la répétition. On sait que la plupart des théories de l'apprentissage s'accordent à dire que la répétition est l'un des facteurs déterminants de l'apprentissage (Sinner, 1985). Par ailleurs, de nombreuses études ont montré que la répétition augmentait la rétention d'information chez les élèves de niveau secondaire (Kinner, 1958). Malheureusement, on ignore si les Netquiz constituent un moyen efficace d'augmenter la répétition chez les étudiant-e-s qui fréquentent le cégep. C'est donc une faille ou une lacune dans nos connaissances car personne n'est en mesure de répondre à cette question : les Netquiz augmentent-t-il la rétention d'information dans les cours du niveau collégial ?

L'utilisation des Netquiz dans les cours de niveau collégial pourrait permettre aux étudiant-e-s d'améliorer leurs réussites scolaires

- Plus de détails sur la justification du problème de recherche ?
- Plus de détails sur la transformation d'un problème en question de recherche ?

✓ **COMMENT TRADUIRE UN PROBLÈME EN QUESTION**

- La différence entre une question de recherche et un problème est subtile et réside d'abord et avant tout dans leurs formulations respectives, et non dans leurs significations qui, elles, sont équivalentes.
- Le rôle du problème est de mettre en évidence une faille ou une lacune dans nos connaissances.
- La question, elle, a pour but de traduire cette faille ou cette lacune en une interrogation claire et précise.
- En résumé, la question et le problème ont une signification équivalente, mais une formulation différente.
- Dans votre problématique, cette redondance contribue à augmenter la clarté du problème.

Exemple d'un problème de recherche

Malheureusement, on ignore si les Netquiz constituent un moyen efficace d'augmenter la répétition chez les étudiant-e-s qui fréquentent le collège.

Exemple d'une question de recherche

Les Netquiz augmentent-t-il la rétention d'information dans les cours du niveau collégial ?

ÉTAPE 1.8- COMMENT FORMULER UNE HYPOTHÈSE OU UN OBJECTIF

- Finalement, vous devez transformer votre question de recherche en une hypothèse ou un objectif.
- Il s'agit du dernier paragraphe de votre problématique : la conclusion.
- Une hypothèse est une affirmation qui répond provisoirement à votre question de recherche.
- Si vous ne pouvez formuler une hypothèse, il faut énoncer un objectif.

L'objectif est un énoncé plus général que l'hypothèse, qui vise à montrer l'existence d'un phénomène ou à comparer deux groupes.

Exemple d'une hypothèse

Faire des Netquiz améliorent les résultats scolaires des étudiant-es qui fréquentent le collège.

Exemple d'un objectif

L'objectif de cette recherche consiste à vérifier l'effet des Netquiz sur les résultats scolaires des étudiant-e-s du niveau collégial.

Exemples d'une hypothèse mal formulée

Faire des Netquiz améliore t-ils les résultats scolaires des étudiant-e-s qui fréquentent le collège ?

Faire des Netquiz améliore ou diminuent les résultats scolaires des étudiant-e-s qui fréquentent le collège.

Faire des Netquiz améliore les résultats scolaires.

Faire des Netquiz améliore les étudiant-e-s qui fréquentent le collège.

Exemples d'un objectif imprécis

L'objectif de cette recherche consiste à vérifier s'il est possible d'augmenter les résultats scolaires.

L'objectif de cette recherche consiste à vérifier l'effet des Netquiz sur les étudiant-e-s du niveau collégial.

Faire des Netquiz améliore-t-il les résultats scolaires des étudiant-e-s qui fréquentent le collège ?

L'objectif de cette recherche consiste à vérifier l'effet des Netquiz sur les résultats scolaires des étudiant-e-s

Un autre exemple pour distinguer hypothèse et objectif.

✓ **COMMENT TRANSFORMER UNE QUESTION EN HYPOTHÈSE/OBJECTIF ?**

▪ Pour formuler une hypothèse, donc faire une affirmation, le chercheur doit s'appuyer sur :

   o une recherche empirique qui supporte son affirmation (=faits scientifiques)

   o ou sur une théorie scientifique qui va dans le sens de son hypothèse

   o Idéalement, ces deux conditions - faits et théorie - doivent être remplies (= hypothèse forte); mais toute hypothèse qui satisfait à l'une ou l'autre de ces conditions sera considérée comme pertinente ou logiquement valable (hypothèse faible).

Exemple d'une recherche empirique

Par ailleurs, de nombreuses études ont montré que la répétition augmentait la rétention d'information chez les élèves du collège (Kinner, 1958).

Exemple d'une théorie

On sait que la plupart des théories de l'apprentissage s'accordent à dire que la répétition est un facteur déterminant de l'apprentissage (Sinner, 1985).

• Si aucune de ces conditions n'est satisfaite, le chercheur doit se contenter de formuler un objectif.

• L'objectif doit aussi reposer sur des faits ou théories qui permettent de supposer qu'il existe un lien entre deux phénomènes (les variables X et Y) ou qu'un phénomène existe bel et bien ou possède-la ou les propriétés (x) qu'on lui attribue.

• **Attention** : ce n'est pas une simple question de choix ; il est toujours préférable de formuler une hypothèse car l'hypothèse est plus précise et féconde que l'objectif.

✓ **LA PERTINENCE D'UN PROBLÈME DE RECHERCHE**

▪ Comment savoir si un problème de recherche est pertinent ?

▪ Un problème est pertinent si le chercheur qui l'a formulé a de bonnes raisons de croire que la variable X est la cause de la variable Y (ou que Y est bel et bien un Y dans le cas des recherches descriptives).

▪ On dira alors que le problème vaut la peine d'être étudié plus à fond.

▪ Il y a deux raisons qui rendent un problème pertinent :

   1. Le raisonnement du chercheur s'appuie sur une théorie.

   2. Le raisonnement du chercheur s'appuie sur des faits (= résultats de recherche).

EXEMPLE D'UN PROBLÈME PERTINENT

Un chercheur étudie les comportements de mutilations chez les enfants. Il sait que la **théorie du conditionnement opérant** postule que si l'on punit un comportement, la fréquence de ce comportement diminuera. Il sait également que des **recherches effectuées** avec des rats ont montré que des décharges électriques de faible intensité avaient pour effet de diminuer la fréquence de certains comportements. En conséquence, il est pertinent de se demander si de l'eau froide vaporisée sur la tempe des enfants (=punition) pourraient diminuer la fréquence de leurs comportements.

- Ce problème est pertinent car le chercheur a deux bonnes raisons de croire que l'eau froide vaporisée sur la tempe (=X) aura pour effet de diminuer la fréquence des comportements de mutilation (=Y) chez les enfants (population) :

  1. La théorie du conditionnement opérant le suggère (si l'eau froide est une punition positive).
  2. Des recherches ont montré que cet effet punitif existait chez les rats.

- Un problème pertinent doit satisfaire au moins l'une de ces deux conditions ; ou les deux, dans le meilleur des cas.

- Sinon, il s'agit d'un **faux problème.**

  ✓ **EXEMPLE D'UN PROBLÈME NON PERTINENT**

Un chercheur étudie la mémoire. Après avoir lu plusieurs livres et articles de recherche sur le sujet, il se demande si la couleur des yeux augmente la rétention. Les gens qui ont les yeux bleus retiennent-ils plus d'information que les gens qui ont les yeux bruns ?

- Ce problème n'est pas pertinent car il n'y a actuellement aucune raison de croire que la couleur des yeux influence la mémoire : aucune théorie ne permet de formuler un tel raisonnement et aucun fait ne l'appuie.

- Ce problème ne mérite donc pas que l'on s'y attarde, que l'on tente de le résoudre : il est, aux yeux de la science, non pertinent.

- **Attention** : il ne faut pas confondre pertinence du problème et justification du problème.

  ✓ **LA JUSTIFICATION D'UNE RECHERCHE**

  - Pourquoi réalise-t-on une recherche ? À quoi serviront les résultats de cette recherche ? Que ferons-nous de ces nouvelles connaissances ?
  - La réponse à ces questions constitue « la justification de votre recherche ».
  - Il existe plusieurs raisons de faire une recherche :

- o Tester une théorie ou un modèle en vérifiant l'une de ses hypothèses
- o Reproduire les résultats d'une recherche importante ou controversée
- o Éprouver la validité d'une méthode de recherche ou d'un outil de collecte de données
- o Accroître les connaissances dans un domaine
- o Mettre à jour les recherches dans un domaine
- o Mettre au jour ou explorer un nouveau phénomène
- o Permettre la mise sur pied d'un programme d'intervention
- o Vérifier l'efficacité d'un traitement ou d'une thérapie
- o Évaluer les besoins d'un milieu
- o Vérifier une hypothèse préalable à l'élaboration d'une nouvelle recherche.

- L'intérêt ou l'utilité d'une recherche doit être précisé dans votre problématique.
- Cette précision fait habituellement l'objet d'un court paragraphe dans la section développement, formulation du problème.
- Ce paragraphe clôt la formulation du problème.
- Placez l'hypothèse ou l'objectif de recherche à la suite de votre justification.

Attention : il ne faut pas confondre pertinence du problème et justification du problème.

✓ DISTINGUER SOURCE PRIMAIRE ET SOURCE SECONDAIRE

- Source primaire = le texte que tu es en train de lire.
- Source secondaire = le texte d'un auteur que tu n'as pas lu, mais dont les propos sont rapportés par l'auteur que tu es en train de lire.
- Dans le texte de la problématique, il faut donc distinguer source primaire et source secondaire.
- On cite une source primaire - que ce soit un livre, un chapitre de livre, un article scientifique ou un site internet - de la façon suivante :

Sexualité et pouvoir sont généralement traités comme des domaines séparés (Hearn et Parkins, 2005).

- Il existe deux façons de citer une source secondaire :

Sexualité et pouvoir sont généralement traités comme des domaines séparés (Hearn et Parkins, 1993, **cité dans** Meyer, 2005).

Sexualité et pouvoir sont généralement traités comme des domaines séparés (Hearn et Parkins, 1993 : **voir Meyer**, 2005).

ATTENTION !

Dans la section Références, à la fin de votre problématique (ou de votre rapport final, selon le cas), il faut inscrire la référence de la source primaire, celle que vous avez consultée et citée, et non la référence de la source secondaire.

1.9. QU'EST-CE QU'UNE SOURCE SCIENTIFIQUE ?

Une source est scientifique si :

1. L'auteur est :
   o un-e scientifique
   o un-e professeur-e
   o un-e journaliste scientifique
   o un-e étudiant-e en mastère ou en doctorat
   o un organisme scientifique

2. Son titre est clairement mentionné dans le texte (en deuxième ou troisième de couverture, à l'endos de la couverture, dans la préface de l'ouvrage ou dans le texte même).

3. Les sources de l'auteur sont citées dans le texte (nom + année de publication) ou en bas de page.

4. La liste complète des sources de l'auteur est présentée à la fin de l'ouvrage (= références ou bibliographie) ou en bas de page.

   o Vos sources doivent absolument respecter ces quatre critères.
   o **Attention** : ces critères s'appliquent également aux sources consultées sur Internet.
   o Tu hésites ? Scientifique ou pas ? Voir avec le promoteur pour être sûr.

⇒ **Plagier = copier = zéro !**

⇒ **Le plagiat : Ou la paresse intellectuelle**

«Le chercheur est tenu de connaître et de citer, avec leurs auteurs, les résultats les plus récents déjà acquis pour situer en quoi sa recherche, sa méthode et ses résultats constituent un apport nouveau.» (Salomon, 2006).

• **Imaginons que Paradis, l'auteur que vous être en train de lire, écrit ceci :**

De nombreux psychologues prétendent que l'usage de la paraphrase est un indice fiable du niveau cognitif du locuteur.

- **Vous faites un plagiat si, dans votre problématique, vous écrivez ceci :**

  De nombreux psychologues prétendent que l'usage de la paraphrase est un indice fiable du niveau cognitif du locuteur (Paradis, 2004).

- **Ou cela :**

  «De nombreux psychologues prétendent que l'usage de la paraphrase est un indice fiable du niveau cognitif du locuteur.»

- **Ou encore...**

  Selon Paradis (2004), plusieurs psychologues prétendent que l'usage de la paraphrase est un indice fiable du niveau cognitif du locuteur.

  ⇒ **Le bon exemple : l'art de la paraphrase**

- **Imaginons que Paradis, l'auteur que vous être en train de lire, écrit ceci:**

  De nombreux psychologues prétendent que l'usage de la paraphrase est un indice fiable du niveau cognitif du locuteur

- **Vous ne faites pas de plagiat si, dans votre texte, vous paraphrasez (=reformuler) les propos de l'auteur :**

  De nombreux psychologues affirment que la capacité de reformuler une phrase sans en trahir le sens est un indice fiable du niveau cognitif du locuteur (Paradis, 2004).

  ⇒ **Ou bien :**

  Selon Paradis (2004), plusieurs psychologues soutiennent que la capacité de reformuler une phrase sans en trahir le sens est un indice fiable du niveau cognitif du locuteur.

- Paraphraser consiste à reprendre dans ses mots les idées d'un auteur sans en trahir le sens.

Attention : évitez de remplacer les concepts scientifiques par des synonymes.

- Attention : toujours bien préciser la nature de vos sources dans le texte. Ex: (Paradis, 2004).

  ⇒ **La citation textuelle : Utiliser avec parcimonie**

- **Imaginons que Paradis, l'auteur que vous être en train de lire, écrit ceci :**

  La paraphrase est la reformulation d'une phrase sans en trahir le sens.

- Vous ne faites pas de plagiat si, dans votre texte, vous citez ainsi les propos de l'auteur :

  Paradis affirme que : « La paraphrase est la reformulation d'une phrase sans en trahir le sens» (2004, p.12).

Attention : dans une problématique, la citation n'est permise que dans trois cas :

1. Définir un concept.
2. Citer une phrase célèbre (Ex : « À écrire sans péril, on communique sans gloire ! »).
3. Citer un passage important, nébuleux ou écrit dans une autre langue.

ATTENTION ! Plagiat = zéro !

EXEMPLE D'UNE PROBLÉMATIQUE

Dans cette page, vous trouverez un exemple de problématique, décomposée en ses éléments :

L'effet de la <u>nouveauté</u> sur la <u>mémoire</u> des étudiants du collégial.

LE TITRE :

contient les deux variables à l'étude (nouveauté + mémoire) Et la population à l'étude

8. UNE VRAIE PROBLÉMATIQUE :

Comment exposer sa problématique ?

a) INTRODUCTION OU MISE EN SITUATION :

Un premier paragraphe présente le thème ou le sujet de manière générale (sujet amené et posé). L'auteur <u>tente de montrer l'importance de la mémoire et l'intérêt d'étudier ce phénomène.</u> À la fin du texte, <u>il annonce le but de sa recherche</u> (son problème général).

Attention : plan ou sujet divisé facultatif.

Tous les êtres vivants ont une mémoire. Bien qu'elle soit parfois rudimentaire, cette capacité à retenir l'information est indispensable à la survie des individus (Cobain, 1993). Elle permet d'enregistrer nos expériences, de s'adapter au monde (Vedder, 1992). Sans mémoire, l'acquisition de comportements complexes serait impossible (Jagger, 1997). Malgré son importance, la mémoire n'est pas infaillible ; elle oublie. Des informations dûment emmagasinées deviennent progressivement inaccessibles, ou pire encore s'effacent de notre cerveau à tout jamais. De nombreux facteurs sont à l'origine de ce phénomène : effet du temps, refoulement, traumatisme crânien, interférence (Leloup, 2003). De ce nombre, l'interférence est sans doute le facteur le moins bien connu. (=**But ou problème général** : mieux connaître les liens entre la mémoire et l'interférence)

b) LE DÉVELOPPEMENT

- L'ÉTAT DE LA QUESTION :

Cette partie, la plus longue du texte, présente ce que l'on sait sur la mémoire.

Selon Smith et ses collaborateurs (1971), le cerveau possède trois types de mémoire : la mémoire sensorielle, la mémoire à court terme et la mémoire à long terme. Selon eux, chaque mémoire a un rôle à jouer dans le traitement de l'information. (**Définition du phénomène : concepts de mémoire + 3 dimensions**) La mémoire sensorielle (MS) emmagasine l'information qui provient directement des sens. Cette mémoire « enregistre pour un laps de temps très court une grande quantité d'information qui sera ensuite triée et acheminée à la mémoire à court terme grâce aux processus d'attention » (Hendrix et Joplin, 1968, p.88). (**Définition et rôle du concept de mémoire sensorielle**)

Comme son nom l'indique, la mémoire à court terme (MCT) conserve l'information pendant un bref laps de temps (moins d'une trentaine de secondes sans effort) (Hendrix et Joplin, 1968). « Cette mémoire accorde au cerveau le temps nécessaire pour décider si l'information sera utilisée pour résoudre un problème, transférée en mémoire à long terme ou tout simplement oubliée » (Vedder, 1995, p.39) (=**Définition**). La MCT a aussi une faible capacité de rétention. En effet, Hendrix et Joplin (1968) a montré que l'humain pouvait retenir en moyenne sept informations, plus ou moins deux. (=**Résultats de recherche = Données empiriques**) Dans sa recherche, les sujets devaient lire une liste d'épicerie contenant 15 produits différents, puis sauter à la corde pendant une minute pour le premier groupe et deux minutes pour le second. Après ce délai, on demandait aux deux groupes d'inscrire sur une feuille tous les éléments dont ils avaient le souvenir. Les sujets avaient le droit de regrouper les éléments pendant la phase de rappel, mais il ne pouvait consulter la liste d'épicerie qu'une seule fois (**précision méthodologique + variables parasites contrôlées**). L'analyse des résultats a montré que les sujets avaient oublié presque deux fois plus de mots au bout de deux minutes qu'après une seule minute. (=**Résultats de recherche = Données empiriques**)

La mémoire à long terme (MLT) est « une mémoire dans laquelle les informations sont entreposées après avoir été analysées et organisées. Contrairement à la MCT, les informations qui y sont stockées demeurent disponibles pendant de très longues périodes de temps » (Vedder, 1995, p. 39), voire pendant toute une vie selon certains auteurs (Morrison, 1972). C'est grâce à cette mémoire si l'information acquiert un sens lorsqu'elle parvient en MCT (Hendrix et Joplin, 1968). (=**Définition et rôle du concept de mémoire à long terme**)

La mémoire à long terme peut être brouillée par un phénomène qu'on appelle l'interférence. Ce brouillage la rend moins efficace et moins fiable (Morrison, 1972). Selon Smith *et ses collaborateurs* (1971, p.121),

«Il y a interférence lorsque l'apprentissage d'une tâche A diminue l'apprentissage d'une tâche B ». (=**Définition de l'interférence**) Par exemple, le résultat à un examen de psychologie sera généralement plus faible si tout de suite après avoir étudié la théorie de Freud (tâche A), un élève étudie Platon (tâche B). Ici l'apprentissage de la philosophie intercalé entre l'étude de la psychologie et l'examen nuit au rappel des connaissances de la théorie de Freud. Ce phénomène a été notamment observé chez les élèves qui doivent étudier deux ou trois examens lors d'une même journée (Presley, 1966, cité dans Smith *et al.*, 1971). Yorke (1996a) a montré que l'interférence variait selon le degré de similitude des tâches à accomplir. (=**Expliquer: facteur qui influence l'interférence**) Sa recherche indique que deux tâches quasi-identiques, comme l'étude de la psychologie et de la philosophie, créent plus d'interférence entre elles que deux tâches différentes comme écouter un disque et étudier pour un examen de psychologie. (=**Appuyer : données empiriques**) En vertu de ce principe,

38

si au lieu d'étudier Platon après Freud un étudiant écoutait son disque préféré, ses résultats en psychologie seraient meilleurs. Quelques études confirment ce fait (Presley, 1966, 1967, cité dans Smith *et al.*, 1971) (=**Appuyer**) Ces résultats s'expliquent par le fait que la psychologie et la philosophie font appel à des concepts et à des explications qui, sans être identiques, se ressemblent suffisamment pour créer de la confusion lors du rappel (Beck, 1997).

LA FORMULATION DU PROBLÈME :

Cette partie permet de cerner le problème - ce que l'on veut savoir - d'en montrer la pertinence et l'intérêt, et finalement de poser clairement une question de recherche.

Maintenant que se passerait-il si entre sa période d'étude en psychologie et son examen, un étudiant écoutait le dernier disque de Radiohead ? Autrement dit, quel serait le niveau d'interférence si l'une des deux tâches était tout à fait nouvelle ? Yorke (1996b) a tenté de répondre à cette question. Les résultats de sa recherche indiquent que la nouveauté a un effet négatif sur le rappel : deux tâches différentes (étudier sa psychologie et écouter Radiohead) mais dont l'un est nouvelle (écouter Radiohead) créeront plus d'interférence que deux tâches différentes et familières (étudier sa psychologie et écouter son disque préféré). (= **Données empiriques**) Harvey (2002) soutient que ce phénomène résulte du grand nombre d'informations nouvelles que la mémoire doit intégrer à sa structure lors d'une première écoute (nouvelles paroles, nouvelles voix, nouveaux instruments, nouveaux rythmes). Selon elle, cet effet de nouveauté soumet la mémoire à un travail important, qui diminue d'autant son efficacité lors du rappel. (**Ici le problème se précise**) Suivant ce raisonnement, on devrait s'attendre à ce qu'il y ait plus d'interférence lorsqu'on réunit dans une même séquence d'apprentissage deux tâches différentes et totalement nouvelles. (**On devrait s'attendre = on ne sait pas = faille ou lacune dans nos connaissances = problème pertinent**) Est-ce bien le cas ? Le caractère nouveau des tâches augmente-t-il l'interférence ? (**Voici la question de recherche**)

La réponse à cette question pourrait permettre de mieux comprendre le phénomène d'interférence et, partant, d'élaborer de nouvelles stratégies d'apprentissage en milieu scolaire. (= **Justification de la recherche**)

3- Dans la troisième partie de la problématique, la conclusion, l'auteur formule un **OBJECTIF** ou une **HYPOTHÈSE**.

La présente étude a donc pour but de vérifier l'hypothèse selon laquelle deux tâches différentes et nouvelles, (1) étudier la physique des atomes et (2) écouter le dernier disque de Radiohead, créeront plus d'interférence lors d'un examen de rappel sur les atomes, que deux tâches différentes dont l'une est nouvelle et l'autre familière. (**Il s'agit ici de l'hypothèse de la recherche**).

LES RÉFÉRENCES : sont les articles scientifiques, les livres ou les chapitres de livre qui sont consultés et cités par l'auteur dans sa problématique.

Références

BECK, H. (1997). Music: the new pollution? *Brain and Cognition, 2* (3), 45-87.

COBAIN, K. (1993). Les effets du lithium sur la mémoire des rats albinos. *Le comportement animal, 5* (2), 41-57.

HARVEY, P.J. (2002). L'influence d'un traumatisme psychologique sur la mémoire à long terme *Mémoire et comportement, 2* (3), 45-57.

HENDRIX, J. et JOPLIN, J. (1968). *Les trois mémoires du cerveau: une théorie.* New York : Wood & Stock Press.

JAGGER, M. (1997). *Le pont entre la MCT et la MLT.* New York: R. Stones.

LELOUP, J. (2003). La mémoire : une faculté qui oublie. *La Revue Québécoise de Psychologie, 3* (2), 101-108.

MORRISON, J. (1972). Les portes de la mémoire. Dans E. Nelligan (Dir.), *Les morsures de l'âme* (p. 23-36). Paris : Les éditions du poète maudit.

SMITH, R., GALLUP, S. et TOLHURST, L. (1971). L'interférence et sa cure. *Cognition, 22,* 67-79.

VEDDER, E. (1992). Animal, rats and memory. *Animal Behavior, 2* (3), 35-47.

YORKE, T.E. (1996a). L'influence de la similitude sur la mémoire. *Cerveau et Mémoire, 1* (2), 32-41.

YORKE, T.E. (1996b). L'effet de la nouveauté sur la mémoire. *Cerveau et Mémoire, 3* (2), 42-61.

Style scientifique : autres règles à suivre :

- Citez vos sources selon les règles : dans le texte, entre parenthèses et en références à la fin de votre travail.
- **De grâce, ne pas plagier le texte de vos sources !**
- Dans le texte, n'inscrire que le nom des auteurs ; pas de prénom.
- Faire des phrases courtes ; de petits paragraphes.
- Optez pour un style direct ; pas de métalangage (inutile d'annoncer au lecteur ce que vous allez lui dire ; dites-le!).
- Préférez la paraphrase à la citation ; cette dernière ne doit être utilisée que dans des contextes bien précis (pour définir les concepts, pour citer une phrase célèbre ou pour ne pas trahir le sens d'un passage flou ou rédiger dans une autre langue).
- Utilisez la forme impersonnelle - pas de je ou de nous - sauf dans *l'interprétation des résultats* où le « nous » est accepté s'il est utilisé avec parcimonie (Ex : La présente recherche, cette recherche, les résultats de la présente analyse, etc.).
- Utilisez le présent de l'indicatif (Ex : La présente recherche a pour objectif de...); plutôt que le futur ou le passé.
- Évitez les métaphores et autres figures de style ; utiliser le terme ou l'expression scientifique qui convient au contexte de la phrase.
- Ne pas multiplier inutilement les synonymes ; utilisez à répétition le terme le plus précis.
- Ne pas commencer une phrase par un nombre en chiffres ; écrivez plutôt ce nombre en lettres.
- Inscrire en lettres les nombres de un à neuf ; en chiffres, les nombres supérieur à neuf.
- Ajouter un espace entre un nombre et le signe de pourcentage (Ex : 10 %).
- Évitez les commentaires personnels, sauf dans la section *Interprétation des résultats.*
- Ne pas perdre de vue qu'en science il faut privilégier la rigueur à la beauté, la précision aux effets de style.
- Consultez également la section Présentation et rédaction de vos rapports.
- Finalement, voici une liste d'expressions, de tours de phrases et de mots à éviter dans votre rapport final :

DISTINGUER VARIABLES ET HYPOTHÈSE DE RECHERCHE

- Règle générale, une bonne hypothèse ou un bon objectif de recherche contient deux variables, X et Y (sauf dans les recherches descriptives où il n'y a qu'une variable observée/mesurée).
- Par définition, une variable est un phénomène qui varie (contraire d'une constante).
- La collecte de données a donc pour but de constater et de mesurer l'ampleur des ces variations.
- En principe, la variable Y varie en fonction de la variable indépendante X; donc Y dépend de X.
- La variable X est la cause probable de Y, du moins dans l'esprit du chercheur.
- Afin de vérifier si son idée est vrai, le chercheur formule une hypothèse et la soumet à un test empirique.

Exemple d'une hypothèse

« Les gens qui portent des lunettes (=X1) reçoivent plus d'aide (=Y) que les gens qui ne portent pas de lunettes (=X2) ».

- Ici l'auteur de cette hypothèse affirme que le port des lunettes influence le comportement d'aide. A-t-il raison ? Porter des lunettes permet-il de recevoir plus d'aide ?
- Pour le savoir - et donc résoudre ce problème - il faut réaliser une recherche empirique et vérifier cette hypothèse.
- Pour les fins du cours, votre variable X doit varier à deux niveaux (X1= lunettes : X2= pas de lunettes), pas plus.
- **Attention** : plus une variable a de niveaux, plus il faut de participants ou de mesures pour réaliser la recherche.
- Notez que l'hypothèse de l'exemple ci-haut n'est pas opérationnelle. Le lecteur n'a aucune idée de la nature des comportements d'aide qui seront observés et mesurés. **Opérationnaliser** une variable consiste donc à définir un phénomène de manière à pouvoir la mesurer.
- L'opérationnalisation des variables d'une hypothèse se fait habituellement en deux temps :
  1. dans la Problématique, l'auteur doit tout d'abord choisir le type de comportement d'aide qu'il entend étudier (il en existe au moins deux formes).
  2. Ensuite, il doit clairement définir ses variables X et Y.

- L'auteur complète l'opérationnalisation de ses variables à l'étape II, dans la section Méthode de sa recherche. Il indique quel type de lunettes porteront les complices qui demanderont de l'aide aux participants de la recherche ; puis, au moyen de sa grille d'observation ou de son questionnaire, il précise la nature de l'aide qui sera demandée aux participants.

- **Est-ce clair ? Sinon, tu dois faire des exercices sur les variables ?**

EXPOSÉ ORAL I : LA PROBLÉMATIQUE

But: En équipe, présenter à la classe votre problème de recherche.

Temps alloué à chaque équipe : 5 à 6 minutes, plus quelques minutes pour la période de question.

Points : Évaluation individuelle.

Voici les questions auxquelles vous devez répondre pendant votre exposé :

1. Quel est votre thème de recherche ?
2. Que sait-on sur ce thème ? (théories, définition de concepts, résultats de recherche, etc.)
3. Quel est votre problème de recherche ?
4. Quelle est votre question de recherche ?
5. En quoi le problème est-il pertinent ?
6. Quelles sont les variables en jeu ?
7. Comment définissez-vous ces variables ?
8. Quel est l'objectif ou l'hypothèse de votre recherche ?

Critères de correction de l'exposé :

- **Présentation :** clarté du propos ; vocabulaire scientifique ; bon enchaînement entre les membres de l'équipe ; pas de lecture de notes ou de fiches ; capte l'attention et suscite l'intérêt de l'auditoire ; ne dépasse pas le temps alloué ; le tout dans un langage correct.

- **La problématique :** le problème est clair et précis ; les membres répondent aux questions (voir ci-haut); ils présentent clairement les faits, les définitions et les théories sur le sujet; vont à l'essentiel et évitent les détails inutiles.

ATTENTION !

Il s'agit d'une évaluation individuelle. Chaque membre de l'équipe doit donc présenter une partie de la recherche.

- *Pour répondre aux questions du professeur, et à cette seule fin, vous pouvez consulter vos fiches de lecture.*
- *As-tu besoin d'encouragement ?*
- *Pas de Powerpoint, mais vous pouvez utiliser le bon vieux tableau.*

RÉDIGER LA SECTION *RÉFÉRENCES*

- Les références sont la liste de toutes les sources scientifiques consultées et citées par un auteur pour rédiger son ouvrage.
- Cette liste contient donc toutes les sources consultées et citées dans le texte (livre, chapitre de livre, article scientifique, site Internet, article déposé sur un site Internet, dictionnaire scientifique, communication personnelle, conférence, etc.)
- Cette liste est annoncée par le mot Références, placé à la suite du texte, au centre de la page (**et non le mot bibliographie**).
- Selon le cas, les références seront placées à la suite de la problématique (rapport I) ou à la suite de l'interprétation des résultats, à la fin du rapport final (rapport III).
- La notice de ces sources sont présentées par ordre alphabétique, de A à Z.
- Le nom et la première lettre du prénom des auteurs sont en majuscules (ou en minuscules, mais toujours présentés selon la même règle).
- Indiquez la première lettre du prénom seulement.
- L'année de publication est placée après le nom des auteurs, entre parenthèses, suivie d'un point. **Ex :** (2005).
- Ne jamais utiliser *et al.* dans la section références ; fournir le nom de tous les auteurs de la source.
- L'application des autres règles varie en fonction de la nature de la source (livre, chapitre de livre, article scientifique, site web). Voir fiches de lecture.

ENRICHIR VOTRE PROBLÉMATIQUE : LA VERSION FINALE

⇒ Date de remise de la version finale :

Votre *problématique* a été corrigée une première fois ? Vous avez obtenu satisfaction de la part de votre promoteur ? Oui, alors vous voilà fin prêts pour enrichir votre seconde et dernière version.

Ce qu'il faut faire pour étoffer votre problématique :

- Trouvez deux autres sources pertinentes (au moins 4 en tout).
- Les dictionnaires scientifiques sont de bonnes sources, mais ils ne peuvent se substituer à l'une des quatre sources obligatoires.
- Donc, un dictionnaire = cinquième source ou source E.
- Relire attentivement les consignes concernant la problématique.
- Lire et annoter ces deux nouvelles sources (faire des fiches de lecture en vous servant des 10 questions - Les questions 4 à 9 sont les plus importantes).
- Relire et corriger la 1re version de votre problématique en tenant compte des commentaires de votre promoteur.
- Il ne faut pas confondre l'enrichissement avec la correction de la problématique.
  - La correction consiste à modifier le texte à partir des commentaires.
  - Enrichir consiste plutôt à étoffer votre texte en ajoutant des informations contenues dans les sources C et D, sans modifier la nature du problème.
- Ces informations sont généralement ajoutées à *l'état de la question,* parfois à l'introduction ou à la formulation du problème (plus de précision, arguments plus solides).
- Il peut s'agir des résultats de nouvelles recherches, d'explications théoriques complémentaires, d'un commentaire ou d'un point de vue nouveau ou critique des auteurs, de définitions plus précises ou de la description plus complète d'une expérience qui s'apparente à votre recherche.
- **Attention** : votre version finale doit contenir la description détaillée d'au moins une recherche ayant une méthode similaire à la vôtre (variables parasites, procédures de contrôle, méthode, outil de collecte de données, échantillon, déroulement et résultats obtenus, etc.)
- Les autres parties de votre problématique demeurent inchangées.
- Intégrer cette version enrichie à votre rapport final

ATTENTION !

- *La version finale de votre problématique fait 5 à 6 pages et suit les règles de rédaction et de présentation de la première version.*
- *Insérer la seconde version de votre problématique dans le rapport final, entre le sommaire et la méthode.*
- *Date de remise de la seconde version et du rapport III.*

RAPPORT I

CONTENU ET CRITÈRES DE CORRECTION DE VOTRE PROBLÉMATIQUE

- La première version de votre problématique fait 3 à 4 pages (plus la page-titre).
- Le titre de la problématique contient les éléments demandés (la ou les variable(s) et leur relation, s'il y a lieu).
- Problématique : les éléments nécessaires sont présents = Introduction, Développement (l'état de la question (=définitions, explication et théories, faits, statistiques, recherches et méthodes) + formulation du problème (=faille dans les connaissances, question de recherche, justification de la recherche)), Conclusion (l'hypothèse ou l'objectif).
- La structure logique de la problématique est conforme au principe de l'entonnoir.
- Le problème de recherche est pertinent.
- La question de recherche est clairement formulée.
- La recherche d'une solution est justifiée.
- L'hypothèse ou l'objectif découle logiquement de « ce que l'on sait », et est formulé selon les règles.
- Les variables de votre recherche sont nommées et clairement définies.
- Les sources sont scientifiques, au nombre de deux et sont correctement citées tout au long du texte.
- Votre texte ne comporte aucun plagiat.
- La section Références est complète et rédigée selon les règles.
- Qualité de la langue (richesse du vocabulaire, ponctuation, syntaxe, orthographe, style scientifique).
- Les fiches de lecture répondent aux 10 questions de lecture et sont présentées selon les règles.
- La problématique doit être le reflet de vos fiches de lecture.
- Qualité de la présentation de votre rapport

ATTENTION !

- La problématique = 15 % de votre travail.
- Il faut un accord du promoteur pour passer à l'étape suivante ; les équipes qui n'ont pas un accord favorable du promoteur ; doivent recommencer leur problématique.
- Présentez votre rapport selon les règles de présentation décrites ci-dessus.
- Remettre les fiches de lecture de vos deux sources ; inscrivez votre nom et utilisez une pince pour tenir le tout.
- Assurez-vous d'avoir une copie de votre rapport avant de le remettre au promoteur.

ÉTAPE II:
LE CHOIX D'UNE MÉTHODE ET LA COLLECTE DE DONNÉES

La première étape de votre recherche est terminée. Votre problème de recherche est clairement posé, vous êtes donc prêts à commencer la deuxième étape de votre recherche : *la collecte des données.*

Ici, vous trouverez

Ce qu'il faut lire avant de commencer l'étape II :

1. Comment choisir une méthode pour collecter vos données

2. Comment construire votre outil de collecte de données

3. Comment élaborer votre procédure de recherche

4. Comment rédiger votre méthode : le contenu (rapport II)

    A. Les participants de la recherche

    B. Le matériel

    C. Le déroulement de la recherche

    D. Le plan de la recherche

5. Comment préparer l'oral II

6. Quand remettre votre rapport II

7. Comment procéder à votre collecte de données

8. Ce qu'il faut faire si vous avez reçu des remarques de la part de votre promoteur concernant votre problématique

9. Comment enrichir votre problématique

10. Comment trouver deux nouvelles sources pour enrichir la problématique

1. LE CHOIX D'UNE MÉTHODE

1. Précisez d'abord le but de votre recherche (A = explorer, B = décrire, C = expliquer).

2. Maintenant comparez les méthodes et choisissez celle qui est la plus susceptible de résoudre votre problème.

3. Il faut choisir la méthode la plus puissante (P), compte tenu de la nature de votre problème de recherche.

4. Discutez de votre choix avec votre modeste et super prof de méthodologie (Qui ?).

5. Allez à l'étape suivante.

2. LA CONSTRUCTION DE L'OUTIL

1. Choisissez l'outil ou l'instrument en fonction de la méthode retenue (Explorer ; Décrire ; Expliquer).

2. En cas de doute, consultez vos notes de cours.

3. Il est à noter que l'utilisation d'une grille d'observation pourrait être utile.

4. Procédez à la construction de l'outil.

5. S'il s'agit d'une grille d'observation, une grille d'analyse de contenu ou d'une grille de consignation.

6. Si vous rédigez un questionnaire, voir questionnaire, plus exercices sur le questionnaire.

7. Soumettre la première version de votre outil à votre promoteur, de préférence avant l'exposé oral.

8. S'il vous donne le feu vert, testez votre outil auprès de quelques sujets (Des ami-e-s de préférence).

9. Ne pas perdre de vue les règles d'éthique de toute bonne recherche.

10. Discuter de vos résultats avec le prof (le promoteur !); attendre la correction de votre rapport II et le feu vert avant de procéder à la collecte des données.

11. Passez sans tarder à l'étape suivante.

3. L'ÉLABORATION D'UNE PROCÉDURE

1. Planifiez le déroulement de la collecte des données.

2. Faire part verbalement de l'organisation des activités et de l'échéancier (en classe ou à l'oral II).

3. Choisir une population (étudiants de votre département, etc.) et une procédure d'échantillonnage.

4. Prévoir des stratégies de contrôle des variables parasites.

5. Élaborez votre plan de recherche..

6. Évaluez la validité de votre recherche.

7. Rédigez une lettre de présentation si votre expérience ou votre quasi-expérience a lieu à l'extérieur de l'université (garderie, école, etc.).

4. LA RÉDACTION DU RAPPORT II : LA MÉTHODE

⇒ Date de remise du rapport II :

1. Pour rédiger cette section : la méthode.

2. Votre méthode comprend 4 parties, dans l'ordre :

   - La description des participants
   - La description du matériel
   - La description du déroulement de la recherche
   - Le plan de la recherche

3. Relisez votre méthode avant de la remettre à votre promoteur.

4. Placez votre outil de collecte de données à la suite du rapport II.

5. Revoir votre titre et y ajouter la population à l'étude. (Ex: L'effet de l'âge sur le comportement d'aide **des enfants de première année**).

6. Remettre le tout à votre promoteur.

5. PRÉPARER L'ORAL II

1. Présenter votre méthode oralement devant votre promoteur.

2. Plus de détail sur cet oral.

6. REMISE DU RAPPORT II

1. Date de remise du rapport II

2. Plus de détail sur ce rapport.

7. VOTRE COLLECTE DE DONNÉES

1. Votre méthode et votre outil ont été revus et corrigés par le promoteur ?

2. Vous avez obtenu satisfaction ? Si oui, vous êtes prêts à commencer la collecte de données ; mais avant toute chose, passez pour récupérer votre méthode et corrigez vos erreurs (selon Les indications du promoteur).

3. Si vous n'avez pas obtenu satisfaction vous devez lui soumettre dans les plus brefs délais une nouvelle version de votre méthode avant d'entreprendre la collecte.

4. S'il y a lieu, rédiger une lettre de présentation pour expliquer votre recherche aux autorités concernées (école, garderie, etc.). Cette lettre n'est pas nécessaire si votre recherche se déroule à l'université.

5. Procédez maintenant à la collecte de vos données.

6. Vous avez des problèmes ? Passez voir le promoteur dans son bureau.

7. Vous avez terminé votre collecte ? Relaxez en dégustant un bon café.

8. Apportez vos données, on passe à l'étape III : l'analyse de vos données.

8. LA RÉDACTION DU RAPPORT II : L A MÉTHODE

Date de remise du rapport II :

Le rapport II présente la méthode de votre recherche. Il contient les trois éléments suivants :

1. Une page titre
2. Votre méthode
3. Votre outil de collecte de données, placé en annexe

8.1.PAGE TITRE

- Cette page est identique à la page de présentation de votre problématique, à ceci près que le titre doit maintenant préciser quelle population sera étudiée.
- Voir modèle de page-titre.

8.2. MÉTHODE

- Utiliser le TP comme modèle pour rédiger votre méthode.
- La rédaction de la méthode n'obéit pas au principe de l'entonnoir puisque chacune des 4 parties a un contenu qui lui est propre.
- Ces 4 parties sont annoncées par un titre - *Méthode* - et des sous-titres, dans l'ordre :

  A- Les participant-e-s (ou corpus = si analyse de contenu)

  B- Le matériel

  C- Le déroulement de la recherche

  D- Le plan de la recherche

- La section **Participant-e-s** (ou corpus=productions si analyse de contenu) contient :
  - Le nombre de participants (n=30).
  - Quelques caractéristiques, si disponibles (sexe, variation de l'âge, etc.).
  - Les groupes expérimentaux et de contrôle, s'il y a lieu.
  - La procédure d'échantillonnage.
  - Quelques détails sur la sélection des participants (à leur insu ? quotas ? critères de sélection ? distribués hasard ou non ?).

52

- La section **Matériel** contient :
  - La description du matériel utilisé pour réaliser votre expérience (transparents, questionnaire, chronomètre, etc.)
  - Une courte description de l'outil de collecte de données.
  - La liste des indicateurs et des paramètres de la grille d'observation (= analyse de contenu, grille de consignation ou d'auto-observation) ou les objectifs du questionnaire ou de l'entrevue.
- La section **Déroulement** contient :
  - La description détaillée et précise de l'expérience ou de la recherche.
  - Diviser cette description en trois étapes : avant, pendant et après l'expérience.
  - Fournir le mot-à-mot des consignes données aux participant-e-s, s'il y a lieu.
  - Préciser les règles d'éthique que vous entendez suivre lors de votre recherche.
- La section **Plan de la recherche** contient :
  - La méthode utilisée.
  - La nature des variables (dépendante ou indépendante (manipulée = provoquée ou assignée = invoquée) ou simplement observée).
  - La nature du plan (simple ou complexe (=factoriel).
  - Groupes indépendants ou un groupe à mesures répétées, expérimentaux ou contrôle, s'il y a lieu.
  - Le plan, sous forme de tableau (les groupes, le nombre de sujets, les variables (V Indépendante, V Dépendante ou V Opérationnelle).
  - La liste des variables parasites contrôlées et leurs stratégies de contrôle.

8.3. OUTIL DE COLLECTE DE DONNÉES

- L'outil est placé en annexe (copie de la grille (observation, consignation, auto-observation, analyse de contenu) ou du questionnaire).
- Placer en annexe tout autre matériel utilisé ou élaboré pour réaliser votre recherche (transparents, questionnaire, lettre de présentation de votre recherche, photos, mises en situation, etc.).

ATTENTION !

- *Imprimez la méthode à interligne et demi.*
- *La méthode est un court rapport de 2 à 3 pages (plus la grille ou le questionnaire).*
- *Présentez votre rapport selon les règles décrites ci-dessus.*

- *Assurez-vous d'avoir une copie de votre rapport avant de le remettre au promoteur.*
- *N'oubliez pas de placer votre outil en annexe.*
- *Des feuilles agrafées, pas de reliure ni de cahier à anneaux.*
- *Date de remise :*

Étape II : La puissance (P) explicative des méthodes en science

Les méthodes	Validité interne					Validité externe
	Lieu de l'expérience ou de la quasi-expérience	Degré de contrôle de ce lieu	Y a-t-il une variable indépendante ?	Cette VI est-elle manipulée ?	Degré de contrôle des variables parasites	La généralisation des résultats de l'échantillon est...

MÉTHODES EXPLICATIVES						
Méthode expérimentale	Expérience en Laboratoire	Élevé	OUI	OUI	Très élevé	Élevée si les participants sont choisis au hasard, sinon moyenne.
Méthode du cas unique	Laboratoire ou Conditions semi-naturelles	Élevé en laboratoire/Moyen en conditions semi-naturelles	OUI	OUI	Très élevé en laboratoire/Moyen en conditions semi-naturelles	Faible car n=1
Méthode quasi-expérimentale 1er type	Laboratoire	Élevé	OUI	NON	Élevé	Élevée si hasard, sinon moyenne
Méthode quasi-expérimentale 2e type	Conditions semi-naturelles	Moyen	OUI	OUI	Élevé	Élevée si hasard, sinon moyenne
Méthode quasi-expérimentale 3e type	Conditions semi-naturelles	Moyen	OUI	NON	Moyen	Élevée si hasard, sinon moyenne

MÉTHODES DESCRIPTIVES						
Observation systématique	Pas d'expérience ou de quasi-expérience	Élevé en laboratoire/ Moyen en conditions naturelles	OUI, dans certains cas	NON	Très élevé en laboratoire/Moyen à faible en conditions naturelles	Élevée si hasard, sinon moyenne
Analyse de contenu	Pas d'expérience ou de quasi-expérience	Nul	OUI, dans certains cas	NON	Moyen	Élevée si hasard, sinon moyenne
Méthode corrélationnelle	Pas d'expérience ou de quasi-expérience	Nul	OUI	NON	Moyen (par contrôles statistiques)	Élevée si hasard, sinon moyenne
Méthode ex post facto	Pas d'expérience ou de quasi-expérience	Nul	OUI	NON	Moyen (par contrôles statistiques)	Élevée si hasard, sinon moyenne
Enquête et sondage	Pas d'expérience ou de quasi-expérience	Nul	NON	NON	Moyen (par contrôles statistiques)	Élevée si hasard, sinon moyenne
MÉTHODES EXPLORATOIRES						
Étude sur le terrain	Pas d'expérience ou de quasi-expérience	Faible	NON	NON	Faible	Moyenne
Analyse de cas	Pas d'expérience ou de quasi-expérience	Nul	NON	NON	Nul	Faible car n=1
Récit de vie	Pas d'expérience ou de quasi-expérience	Nul	NON	NON	Nul	Faible car n=1
Méthode historique	Pas d'expérience ou de quasi-expérience	Nul	NON	NON	Nul	Faible car n=1

- Expliquer consiste à déterminer les causes d'un phénomène.
- Plus la méthode d'une recherche est puissante (P), plus les explications que l'on peut formuler sont valides ou fiables.
- Il faut donc choisir la méthode la plus puissance, compte tenu de :
  - La nature du problème (Peut-on le manipuler ? Si oui, est-ce moralement acceptable de le faire ?)
  - Ce que l'on veut savoir de ce problème (expliquer, décrire ou simplement explorer).

- Des moyens mis à votre disposition pour faire la recherche (Avez-vous accès à un laboratoire? Pouvez-vous compter sur des assistants de recherche ? De combien de temps disposez-vous pour mener à bien cette recherche ?).

Remarque : Ce tableau a été conçu mentalement par Jacques Beaugrand et physiquement par Claude Goulet.

8.3.1. COMMENT CONSTRUIRE UNE GRILLE D'OBSERVATION

Voici les 5 étapes de la construction d'une grille d'observation, d'auto-observation, de consignation ou d'analyse de contenu :

1. Identifier votre variable dépendante (ou variable observée).
2. Définir cette variable avec clarté et précision.
3. Choisir et préciser les dimensions de cette variable, s'il y a lieu.
4. Opérationnaliser la ou les dimension(s) retenue(s), donc décomposer votre variable dépendante en indicateurs.
5. Choisir les paramètres de ces indicateurs (fréquence, absence/présence, latence, durée, ordre d'apparition, quantité).

ATTENTION !

- La grille d'observation ne doit pas contenir plus de 15 indicateurs.
- Une grille d'observation permet d'observer entre 2 et 4 participants (5-10 s'il s'agit d'une grille de consignation).
- Placer cette grille en annexe de votre rapport II.
- Placez les indicateurs en Y, les participants en X.
- Énumérer les indicateurs et les paramètres dans la section *MATÉRIEL* de votre méthode.
- Votre grille est-elle **valide** et **fidèle** ?
- Attention : la même procédure (les 5 étapes) s'applique à la construction des grilles d'auto-observation, d'analyse de contenu et de consignation.
- Voir annexe

8.3.2. RÉDIGER UN QUESTIONNAIRE

Voici les 5 étapes de la rédaction d'un questionnaire :

1. Identifier votre variable dépendante (ou variable décrite).
2. Définir avec précision cette variable.
3. Choisir et préciser les dimensions de cette variable, s'il y a lieu.
4. Pour chaque dimension, fixer des objectifs (Qu'est-ce que je veux savoir ?).

5. Transformer chaque objectif en question ou en affirmation (la question contient l'indicateur = opérationnalisation).

ATTENTION !

- Le questionnaire ne doit pas compter moins de 15 questions.
- Il faut rédiger une feuille de présentation, comme dans l'exercice que nous ferons en classe.
- Votre questionnaire est-il **valide** et **fidèle** ?
- S'il y a lieu, placez votre questionnaire en annexe de votre rapport II, la méthode.
- N'oubliez pas d'énumérer la liste de vos objectifs dans la section : matériel de votre méthode.
- Voir annexe

8.4. LES PROCÉDURES D'ÉCHANTILLONNAGE

- Pour étudier l'effet de X sur Y, ou vérifier que Y est bel et bien un Y, le chercheur doit faire une recherche empirique.
- Pour faire une telle recherche, il faut recruter des participants.
- Ces participants formeront l'échantillon de votre recherche.
- L'expression «procédure d'échantillonnage» désigne donc la façon de former cet échantillon.
- Cet échantillon peut être constitué ou non au hasard.
- Si l'échantillon d'une recherche est formé au hasard, sa validité externe sera plus grande.
- Il existe donc deux grandes familles de procédure pour recruter des participants : probabiliste et non-probabiliste.

Procédures d'échantillonnage probabilistes = hasard	Procédures d'échantillonnage non-probabilistes
▪ Échantillonnage aléatoire simple (ÉAS). ▪ Échantillonnage systématique. ▪ Échantillonnage par strates. ▪ Échantillonnage par grappes.	▪ Échantillonnage accidentel. ▪ Échantillonnage par volontaires. ▪ Échantillonnage systématique. ▪ Échantillonnage par quotas. ▪ Échantillonnage par grappes. ▪ Échantillonnage par choix raisonné.

www.collegeahuntsic.qc.CA/page dept/Sc_Sociales/psy/methosite/consignes echantillons/cites sources.htm

LES 2 MOMENTS DU HASARD D'UNE RECHERCHE

MOMENT 1

La population étudiée

L'échantillon de votre recherche

OUI

N=3000   n=30

OUI

NON

Moment 1 : Votre échantillon peut être formé ou non au hasard. Si oui = plus représentatif donc validité externe plus élevée.

Moment 2 : Les participants de votre échantillon peuvent être distribués ou non au hasard dans les deux groupes de votre recherche. Si oui = groupes plus équivalents donc validité interne plus élevée.

MOMENT 2

L'échantillon de votre recherche
n=30

Sujets distribués dans votre Groupe I

n=15

Sujets distribués dans votre Groupe II

n=15

LA VALIDITÉ D'UNE RECHERCHE

- La validité est un indice de la valeur scientifique d'une recherche empirique.
- Plus une recherche est valide, plus ses conclusions seront fiables ou valables.
- Il existe trois formes de validité :

La validité
interne
La validité externe
La validité
écologique

LA VALIDITÉ INTERNE :

- La validité interne est un indice qui permet au chercheur d'apprécier la valeur de sa recherche, et donc d'évaluer la fiabilité ou la certitude de ses conclusions internes.
- Les conclusions internes d'une recherche sont les conclusions que le chercheur tire de l'analyse statistique de ses données.
- Le mot «interne» renvoie ici aux résultats de la recherche (l'échantillon), et non à l'ensemble de la population à l'étude.
- Le principe est simple : plus la validité d'une recherche est élevée, plus fiables seront les conclusions internes du chercheur.

Validité élevée ------------- Validité moyenne -------------- Validité faible
Conclusions très fiables --------------------------- Conclusions peu fiables

- Il existe deux types de conclusions :
  - o Dans l'échantillon, X est bel et bien la cause de Y, si la recherche comporte deux variables (Ex: L'effet du sucre sur l'hyperactivité).
  - o Dans l'échantillon, Y est bien un Y, si la recherche ne comporte pas de X (Ex : Il existe des comportements agressifs chez les filles de moins de quatre ans).
- Si la validité interne d'une recherche est élevée, la certitude que X est la cause de Y sera grande.
- Ainsi le chercheur pourra conclure, presque à coup sûr, que le sucre produit bel et bien de l'hyperactivité chez les sujets de son échantillon ; ou bien, dans le cas d'une recherche descriptive, qu'il existe effectivement des comportements agressifs chez les filles qu'il a observées.

- Au contraire, si la validité interne de la recherche est faible, la certitude que X est la cause de Y sera faible.

- On dira alors qu'il est possible que le sucre influence l'hyperactivité (ou qu'il se peut que les filles manifestent de l'agressivité).

- Bref le degré de certitude du chercheur dépend du degré de validité de sa recherche.

- Plusieurs facteurs influent sur la validité interne d'une recherche.

- Ces facteurs sont : les attentes du chercheur, des compères et des participants, les fluctuations de l'outil de collecte de données, la répartition des participants dans les groupes, la régression statistique des mesures, la maturation, la fatigue et l'histoire personnelle des participants, la perte de participants, la contamination par d'autres variables parasites.

- Trois formes de contrôle permettent de neutraliser l'influence de ces facteurs. Il s'agit du :

  - contrôle de la situation expérimentale
  - contrôle ou de la manipulation de la variable indépendante
  - contrôle ou de la neutralisation des variables parasites

LE CONTROLE DE LA SITUATION EXPÉRIMENTALE

- Le contrôle de la situation expérimentale augmente la validité d'une recherche.

Contrôle élevée ------------ Contrôle moyenne -------------- Contrôle faible ou nul
Validité élevée ---------------- Validité moyenne ---------------------- Validité faible

- La situation expérimentale désigne le lieu précis où se déroule l'expérience ou la quasi-expérience.
- Qu'est-ce qu'une expérience ?
- Une expérience est une situation plus ou mois naturelle créée par le chercheur afin d'étudier la relation entre X et Y.
- Pour qu'une recherche soit considérée comme une expérience, il faut : que le chercheur manipule la variable indépendante (ou la provoque) c'est-à-dire qu'il intervienne pour soumettre les sujets de la recherche à l'effet de cette variable.
- que le chercheur contrôle les différents aspects de ce lieu afin de neutraliser les variables parasites.
- Si ces deux conditions sont satisfaites, on dira que la recherche est une expérience.
- Si seulement l'une de ces deux conditions est satisfaite, on dira que la recherche est une quasi-expérience.
- Si aucune de ces deux conditions n'est satisfaite, on dira que la méthode utilisée ne permet pas d'établir de lien de causalité entre X et Y; il s'agit donc d'une méthode non-explicative (= méthode descriptive ou exploratoire).
- La situation de recherche désigne donc le lieu où se déroule l'expérience (ou la quasi-expérience).
- Si ce lieu est artificiel (laboratoire), le chercheur aura beaucoup de contrôle sur les différents aspects de la situation.
- Si le lieu est semi-naturel/artificiel (une école, un hôpital, un centre commercial, etc.), le contrôle des différents aspects de la situation sera moyen. Un milieu naturel est l'endroit où vit l'individu ou l'espèce que l'on étudie. Par définition, dans ce type de lieu, le niveau de contrôle et d'intervention du chercheur est nul ou faible.

Contrôle élevée ---------- Contrôle moyen --------- Contrôle nul ou faible
Situation artificielle ------ Conditions +- artificielles ----- Conditions naturelles

- Pourquoi la validité interne d'une recherche augmente-t-elle avec le contrôle de la situation expérimentale ? Parce qu'en laboratoire, il est plus facile de :
  - o manipuler la variable indépendante X et mesurer la variable dépendante Y
  - o neutraliser les variables parasites (les autres variables X qui influencent Y)
- Le contrôle de la situation est donc intimement lié aux deux autres formes de contrôle : 1) le contrôle des variables indépendante et dépendante ; 2) le contrôle des variables parasites.

MANIPULATION DE LA VARIABLE X PLUS MESURE DE Y

- La variable indépendante (VI) est la cause présumée (X) du phénomène Y que le chercheur tente d'expliquer.
- Manipuler une variable indépendante consiste donc à soumettre de façon systématique un ou des sujets à l'effet de cette variable.
- Cette manipulation permet au chercheur de fixer avec précision les niveaux de la VI.
- Exemple, un chercheur tente de mesurer l'effet du sucre sur l'hyperactivité des rats.
- Ici X = sucre et Y= hyperactivité.
- Il forme deux groupes de vingt rats et mesure leur activité avant la prise de sucre (niveau de base). Il donne ensuite au groupe expérimental vingt grammes de sucre/litre d'eau pendant un mois (niveau 1= présence de sucre) ; bien sûr, il n'ajoute rien à l'eau du groupe de contrôle (niveau 1= présence de sucre). Finalement, après un mois, il mesure de nouveau le niveau d'activité des deux groupes de rats.
- Les rats du groupe expérimental font ici l'expérience de boire de l'eau sucrée.
- Les rats du groupe de contrôle ne font pas cette expérience.
- Dans ce contexte, l'expérimentateur peut observer et mesurer avec précision l'activité des rats qui boivent ou non de l'eau sucrée. Le contrôle des conditions qui permettent de mesurer avec précision la variable indépendante est donc très élevé.
- Si le groupe qui a bu de l'eau sucrée est plus actif que le groupe qui a bu de l'eau sans sucre, il pourra affirmer, toutes choses égales par ailleurs, que le sucre rend hyperactif, donc que X est bel et bien la cause de Y chez les rats.

62

- **Attention** : toutes les variables indépendantes ne sont pas manipulables. Par exemple, on ne peut imposer à un rat mâle l'expérience d'être une femelle, et vice-versa. Le sexe des sujets est donc, par définition, une variable non manipulable.
- On nomme « variable assignée ou invoquée » une variable que le chercheur ne veut ou ne peut pas manipuler.
- Une variable indépendante a donc deux états : manipulée ou non-manipulée.
- Si la VI est manipulée, la validité interne de la recherche sera plus grande.

| **Variable indépendante manipulée --------- OU ----- Variable indépendante non-manipulée** |
| **Validité élevée -------------------------------------- Validité faible** |

- Il est à noter que «variable indépendante manipulée» et «variable indépendante provoquée» sont synonymes.

LE CONTRÔLE DES VARIABLES PARASITES

- La plupart des phénomènes naturels, biologiques, psychologiques ou sociaux sont multi déterminés.
- «Multi déterminé» signifie que pour un même phénomène Y, il existe de multiples causes (X1, X2, X3, X4, etc.).
- Le but ultime de la science consiste à mettre clairement en évidence l'effet de X sur Y.
- Pour isoler l'effet de cette variable - un X en particulier - le chercheur doit neutraliser les effets nuisibles des autres variables susceptibles d'influencer Y (= les autres X).

- Certains de ces effets nuisibles ou parasites sont déjà connus du chercheur (= ce que l'on sait).
  - Pour neutraliser les effets parasites, le chercheur peut :
  - utiliser le hasard afin de répartir les effets des variables parasites connues et inconnues.
  - équilibrer les effets des variables parasites connues.
  - maintenir constants les effets des variables parasites connues.
  - éliminer les effets des variables parasites connues.

- Reprenons l'exemple ci-haut pour illustrer chacune de ces mesures : supposons que les rats sont naturellement plus actifs que les rates. Si l'on veut mettre en évidence l'effet du sucre sur l'hyperactivité, il faut neutraliser l'effet parasite du sexe des 40 sujets. On peut alors :

  o répartir au hasard les mâles et les femelles dans les deux groupes (groupe expérimental = +- 10 mâles, +- 10 femelles ; à peu près la même chose pour le groupe de contrôle).

  o répartir systématiquement le rats selon le sexe (groupe expérimental = 10 mâles, 10 femelles ; même répartition pour le groupe de contrôle).

  o n'utiliser que des mâles ou des femelles (groupe expérimental = 20 mâles ; même chose pour le groupe de contrôle).

  o ici, il est bien sûr impossible d'éliminer la variable parasite sexe ; un rat est nécessairement un mâle ou une femelle. On peut éliminer les effets nuisibles des caractéristiques de la situation expérimentale (absence de bruit, de distractions, d'interactions avec d'autres rats, etc.), mais pas les caractéristiques des sujets (sexe, âge, etc.), qui sont en fait des «variables propres» (propre = propriété du sujets, comme le sexe, l'âge, le poids, etc.).

- L'avantage de la première mesure de contrôle - répartir les sujets au hasard - réside dans le fait que cette méthode permet, en principe, de répartir également tous les effets nuisibles des variables propres, aussi bien les variables connues du chercheur que les variables dont il ne connaît pas encore les effets nuisibles (effet nuisible potentiel). En effet, si le hasard fait bien les choses, il y aura autant de mâles que de femelles, de jeunes que de vieux dans les deux groupes (variables propres connues), mais aussi autant de gros que de petits (le poids étant ici une variable propre dont les effets sont inconnus mais potentiellement nuisibles à la mise en évidence des effets de X sur Y).

- Cette mesure de contrôle permet donc de constituer des groupes équivalents à tous égards (autant de mâles que de femelles, de gros que de petits, de vieux que de jeunes), sauf en ce qui concerne les effets nuisibles des variables liées à la situation (bruits, présence de congénères, etc.), qu'il vaut mieux carrément éliminer ou répartir systématiquement.

- La répartition au hasard des sujets est une mesure de contrôle plus efficace lorsque le nombre de sujets (n=) de l'échantillon est élevé. En effet, plus le nombre de sujets d'un échantillon est élevé, plus les variables nuisibles se comporteront comme des variables aléatoires (=la loi des grands nombres).

- Si elles se comportent de façon aléatoire - bref selon les lois du hasard - les variables parasites se répartiront également entre les deux groupes (autant de femelles dans le groupe expérimental que dans le groupe de contrôle ; même chose pour les mâles).

- Lorsque l'échantillon d'une recherche est petit, il est préférable de répartir les variables parasites de façon systématique car, dans ce cas, le «hasard fait parfois mal les choses».

- On nomme «variables non-contrôlées», les variables qui échappent aux mesures de contrôle du chercheur.

- Si toutes les variables parasites d'une recherche sont contrôlées, la validité de la recherche sera élevée.

- Au contraire, si aucune variable n'est contrôlée, la validité sera faible.

Validité élevée --------- Validité moyenne ---------- Validité faible

Toutes les variables parasites sont contrôlées --------- Quelques variables parasites sont contrôlées ------- Aucune variable parasites n'est contrôlée

---

LA VALIDITÉ EXTERNE :

- La validité externe est un indice qui permet au chercheur d'évaluer la valeur de sa recherche, et plus précisément d'évaluer la fiabilité de ses conclusions externes.

Validité élevée -------- Validité moyenne ---------- Validité faible

Conclusions très fiables ----------------- Conclusions peu fiables

---

- Les conclusions externes sont les conclusions tirées de l'échantillon, et que le chercheur souhaite généraliser à l'ensemble de la population.

- Le mot «externe» renvoie ici au groupe d'individus qui forme la population à l'étude et aux conclusions que l'on souhaite étendre à cet ensemble.

- Autrement dit, la validité externe d'une recherche permet de répondre à la question «X est-il la cause de Y chez l'ensemble des individus qui forment la population?».

- Exemple de conclusion : Tous les rats de cette espèce (population) réagiront comme les rats de l'échantillon.

- Si la validité externe de la recherche est élevée, la certitude du chercheur sera grande, et il pourra ainsi affirmer que ce qu'il a observé au sein de son échantillon existe probablement dans la population (car son risque d'erreur est faible).

- Si, au contraire, la validité externe de sa recherche est faible, la certitude du chercheur sera tout aussi faible ; par conséquent, il devra être très prudent en affirmant que, ce qui est vrai pour son échantillon, est également vrai pour la population à l'étude. Dans ce cas, le chercheur doit se garder de faire des généralisations hâtives.

- La validité externe dépend essentiellement de la représentativité de l'échantillon, et donc du mode de sélection des participants de la recherche.

- Si les participants sont choisis au hasard, l'échantillon sera, en principe, représentatif.

- Si les participants ne sont pas choisis au hasard, l'échantillon sera plus ou moins représentatif.

- Il va de soi que plus l'échantillon est représentatif, plus la validité externe est grande, et donc plus fiables seront les conclusions du chercheur.

LA VALIDITÉ ÉCOLOGIQUE :

- La validité écologique est un indice qui permet au chercheur d'évaluer la valeur de sa recherche et, plus précisément, la valeur écologique de ses conclusions externes.

Validité élevée ------------Validité moyenne ---------------- Validité faible
Conclusions très fiables ----------------------- Conclusions peu fiables

- Les conclusions externes sont les conclusions que le chercheur tire de l'observation de son échantillon, conclusions qu'il souhaite généraliser à l'ensemble de la population à l'étude et, plus particulièrement dans le cas de la validité écologique, au milieu dans lequel vit cette population.

- Le mot *écologie* renvoie aux conditions de vie des individus qui forment la population à l'étude.

- Cette validité varie en fonction du degré de similitude entre les conditions artificielles du laboratoire et le milieu de vie des individus de la population, la « vraie vie ».

- Il s'agit donc de comparer une situation expérimentale ou quasi-expérimentale - donc plus ou moins artificielle car créée par le chercheur - avec les conditions réelles de vie des individus de la population à l'étude.

- Si votre expérience ou votre quasi-expérience est réaliste, autrement dit si elle reproduit avec exactitude les différents aspects de la réalité des individus, sa validité écologique sera grande.

- Par contre, si l'expérience s'éloigne des conditions réelles de la population, sa validité écologique sera faible.

- Plus cette validité est grande, plus il y a de chance que les individus de la population se comportent ou pensent comme les participants de votre échantillon.

- Certains spécialistes de la méthode considèrent que la validité écologique est une composante de la validité externe.

LA PUISSANCE EXPLICATIVE D'UNE MÉTHODE

- En science, il existe plusieurs méthodes pour résoudre un problème.

- Ces méthodes n'ont cependant pas toutes la même puissance (explicative et descriptive).

- La puissance explicative et descriptive d'une méthode varie en fonction de sa capacité à garantir la validité d'une recherche.

- La puissance ou la validité générale (V générale) d'une recherche = (V interne) + (V externe) + (V écologique) = contrôle de la situation expérimentale ; plus contrôle des variables indépendante et dépendante ; plus contrôle des variables parasites.

- La méthode expérimentale est la méthode qui possède la plus grande puissance explicative.

- Sa validité écologique est cependant plus faible que la méthode quasi-expérimentale.

- **Attention** : Des contraintes empêchent parfois la réalisation d'une expérience ou d'une quasi-expérience.

- Ces contraintes sont liées :

  À l'éthique (l'expérience peut-elle nuire à la santé physique et mentale des participants ?).

  o À la logistique (est-il possible de créer une situation réaliste en laboratoire ?).

  o Au coût de la recherche (mise sur pied des laboratoires, achat de matériel, embauche d'observateurs et d'assistant-e-s de recherche, etc.)

  - À la durée des expériences, habituellement plus longues que les enquêtes par questionnaire ou par entrevue.

VARIABLES PARASITES ET CONTRÔLE

Dans cette page, vous trouverez :

1. Qu'est-ce qu'une variable parasite ?
2. Comment neutraliser les variables parasites ?
3. Le tableau des variables parasites et des stratégies de contrôle

- Le but d'une recherche scientifique est de mettre en évidence une relation entre X et Y (recherche explicative) ou de décrire avec précision Y (recherche descriptive).

- Pour mettre en évidence la relation entre X et Y, il faut contrôler l'effet parasite de tous les autres facteurs susceptibles d'influencer votre variable Y.

- Une variable parasite est donc tout facteur non-désirable qui influe sur Y et qui, de ce fait nuit, à l'établissement d'une relation entre X et Y.

- Neutraliser les variables ou les facteurs parasites permet donc d'augmenter la validité interne d'une recherche.

- Pour augmenter cette validité, il faut mettre en place des stratégies de contrôle des variables ou facteurs parasites.

- Il existe plusieurs stratégies de contrôle :
    - o Éliminer les variables parasites.
    - o Maintenir constantes les variable parasites.
    - o Équilibrer les variables parasites.
    - o Répartir aléatoirement les variables parasites.
    - o Former un groupe contrôle ou un groupe témoin.
    - o Utiliser un groupe placebo.

- Une variable parasite dont les effets nuisibles ont été neutralisés devient une **variable contrôlée.**

- Notez que, l'auteur utilise le mot *variable intermédiaire* pour désigner les facteurs ou les variables parasites.

- Variable intermédiaire n'est pas synonyme de variable parasite ; utilisez donc ce dernier terme ou facteurs parasites.

- Dans le plan de recherche de votre méthode, vous devez énumérer l'ensemble des variables que vous souhaitez neutraliser (variables contrôlées), ainsi que les moyens mis en œuvre pour y parvenir (= stratégies de contrôle).

- **Attention** : dans une recherche, on peut utiliser plus d'une stratégie de contrôle pour neutraliser les facteurs parasites.

Variables parasites à contrôler et stratégies de contrôle

Catégorie	Variables parasites (facteurs) à considérer	Principales Stratégies de contrôle des variables parasites (VP)					
		Éliminer les VP	Maintenir constantes les VP	Équilibrer les VP	Répartir au hasard les VP	Ajouter un groupe contrôle	Appliquer le procédé du double aveugle
Milieu physique	Aménagement du local ou du laboratoire						
	Éclairage						
	Bruit						
	Température						
Milieu social	Sexe de l'expérimentateur/complice						
	Apparence physique de l'expérimentateur/complice						
	Apparence vestimentaire de l'expérimentateur/complice						
	Niveau de langage de l'expérimentateur/complice						
	Présence d'autres personnes						
Participants/Sujets	Sexe						
	Âge						
	Niveau de scolarité						
	Programme d'étude						
	Milieu socio-économique (classe sociale)						
	Taille						
	Origine ethnique						
	Religion						
	Apparence physique (beauté)						
	Habillement						
	Q.I. des participants						

	Consignes données aux participants						
	Comportement et position des complices						
Procédure et outil de collecte	Comportement et position des observateurs						
	Consignes du questionnaire						
	Durée de l'observation ou du questionnaire						
	Matériel utilisé pour faire l'expérience						

8.5. EXPOSÉ ORAL II : LA MÉTHODE

But : En Binôme ou seul, présenter devant votre promoteur votre méthode et votre outil de collecte de données.

Temps alloué : 5 à 6 minutes ; plus quelques minutes pour la période de questions.

Voici les questions auxquelles vous devez répondre pendant votre exposé :

1. Rappelez brièvement votre problème et votre hypothèse.
2. Quelle est votre méthode? Expliquez ce choix?
3. Quelle est votre population?
4. Quel est votre échantillon?
5. Quelle est votre procédure d'échantillonnage? Expliquez ce choix?
6. En quoi consiste votre outil de collecte de données?
7. Comment se déroulera votre recherche?
8. Quel est votre plan de recherche (nommez les variables et les groupes)?
9. Avez-vous neutralisé les variables parasites? Lesquelles ? Comment?
10. Quand et où débutera votre collecte de données?

Critères de correction de l'exposé :

- **Présentation :** clarté du propos; vocabulaire scientifique; bon enchaînement entre les membres de l'équipe; pas de lecture de notes ou de fiches ; capte l'attention et suscite l'intérêt de l'auditoire; ne dépasse pas le temps alloué; le tout dans un langage correct.

- **Méthode :** la méthode est bien expliquée; les membres répondent aux questions; ils présentent clairement les informations sur le sujet; vont à l'essentiel et évitent les détails inutiles.

L'outil est présenté et expliqué (photocopies de l'outil, dessin ou transparent, s'il y a lieu)

ATTENTION !

- Il s'agit d'une évaluation individuelle. Chaque membre doit donc présenter une partie de la recherche.
- Pour répondre aux questions du professeur, et à cette seule fin, vous pouvez consulter vos fiches de lecture.
- Pas de Powerpoint, mais vous pouvez utiliser le bon vieux tableau.

CONTENU ET CRITÈRES DE CORRECTION DE LA MÉTHODE ET DE L'OUTIL

- La page titre est conforme au modèle ; plus titre complet.
- La méthode est divisée en 4 parties :

  1) Participants

  2) Matériel;

  3) Déroulement;

  4) Plan de la recherche.

  Page-titre

  Les participants-e-s

  Le matériel

  Le déroulement

  Le plan de recherche

  Votre outil

- La description des participant-e-s est faite (âge, sexe, etc.).
- La procédure d'échantillonnage et le nombre de groupe (expérimentaux, de contrôle) sont précisés.
- Les critères de sélection et de distribution des participant-e-s sont précisés.
- Le matériel est décrit et placé en annexe (outil de collecte, questionnaire-bidon, transparents, photos, etc.).
- Si grille d'observation = les indicateurs et les paramètres de cette grille sont énumérés dans la section «Matériel».
- Si questionnaire = les objectifs de ce questionnaire sont énumérés dans la section «Matériel».
- Le test de l'outil et l'accord inter juge sont expliqués et présentés (s'il y a lieu).
- Le déroulement de la recherche est divisé en 3 étapes (avant, pendant et après l'expérience ou l'observation) et ces étapes sont décrites en détail (moment, temps, tâche des participants et chercheurs, etc.).
- S'il y a lieu, les consignes données aux participants sont précises et claires.

- Le plan de la recherche comprend les éléments pertinents : méthode, type de plan, type de variables, types et nombre de groupe (expérimentaux et contrôle, indépendants ou à mesures répétées), nombre de participant-e-s (n=), variables ou facteurs parasites et stratégies de contrôle de ces variables parasites.
- La nature des variables de votre recherche est clairement précisée.
- Les variables parasites et les stratégies de contrôle sont précisés.
- Un tableau présente les données essentielles de la recherche (Groupes, n=, VI et VD).
- L'outil est valide; il mesure ce qu'il est censé mesurer (votre variable dépendante ou votre variable observée/décrite).
- L'outil est facile à utiliser. Une copie est placée en annexe de votre rapport.
- La lettre de présentation de la recherche est en annexe, s'il y a lieu.
- Le matériel élaboré pour réaliser la recherche est en annexe (questionnaire, consignes écrites, photos, etc.).

ATTENTION !

- La problématique = L'évaluation doit être faite par le promoteur
- Il faut un avis favorable pour passer à l'étape suivante ; Un avis défavorable veut dire recommencer la problématique.
- Présentez votre rapport selon les règles de présentation.
- Assurez-vous d'avoir une copie de votre rapport avant de me le remettre.
- N'oubliez pas de placer votre outil en annexe.
- Des feuilles agrafées, pas de reliure ni de cahier à anneaux.

ETAPE III :

L'ANALYSE DES DONNÉES :

1. CHOISIR LES BONS TESTS ET PROCÉDER AUX ANALYSES STATISTIQUES

1. Pour vous aider à choisir les bonnes analyses, utilisez l'arbre de décision.
2. Pour utiliser cet arbre, vous devez d'abord déterminer si votre analyse a pour objectif de simplement **décrire une variable** ou de **comparer deux groupes** ou **deux mesures** afin d'établir une relation entre deux variables (X ----» Y).
3. Ensuite, vous devez connaître la nature de vos variables (nominale, ordinale quantitative (scale)).
4. Ces deux données - votre objectif (décrire ou comparer) et la nature de vos variables - devraient vous permettre de choisir le bon test ou la bonne analyse statistique (voir arbre statistique : annexe).
5. Ça ne marche pas ? Expliquez au prof que votre cerveau droit refuse de fonctionner en mode «complexe».Le prof pourra vous aider à choisir le bon test.
6. Essayez de nouveau !
7. Vous avez choisi le bon test? Dans l'arbre de décision. cliquez sur ce test pour savoir ce qu'il faut faire ou suivez les consignes des

2. RÉPONDRE AUX QUESTIONS ET CHOISIR LA BONNE ANALYSE STATISTIQUE

1. Pour répondre à votre première question, il faut choisir la bonne analyse statistique.
2. Là, ça se corse ! Assurez-vous d'avoir sous la main votre livre de méthodes quantitatives.
3. Au moyen de l'arbre statistique de décision, choisir l'analyse qui convient à votre premier objectif **: L'arbre de décision : vérifier une hypothèse**

74

JE VEUX DÉCRIRE AVEC SPSS...		OU	JE VEUX COMPARER AVEC SPSS...		
⬇				⬇	
... une seule variable qui est...			... des groupes ou des mesures si...		
⬇	⬇		⬇		⬇
Qualitative Nominale/Ordinale	Quantitative Intervalle/Rapport		X et Y = Qualitatives	⬇	X et Y = Quantitatives
DONC	DONC		ET	X = Qualitative Y = Quantitative	DONC
Analyse de Fréquence ou Pourcentage	Moyenne (mean)		Y = Nominale	ET	Test de signification du r
	OU		DONC	X = 2 niveaux	
... la relation entre 2 variables si...			Khi carré = Pearson Chi-square	DONC	
⬇	⬇		OU	Test t	
X et Y = Qualitatives	X et Y = Quantitatives		Si Y = Nominale mais pas de X	OU	
DONC	DONC		DONC	X = 3 niveaux	
Coefficient de contingence (c)	Coefficient de corrélation (r)		Test binomial	DONC	
			OU	Analyse de variance (ANOVA)	
AIDE : JE VEUX...			Y = Ordinale		
• Distinguer groupes indépendants/groupe à mesures répétées • Distinguer une Hypothèse uni/bidirectionnelle • Transformer une variable quantitative en classe • Retourner à l'exercice SPSS • Retourner à l'analyse de mes données • Retourner à la rédaction de l'analyse de données • Retourner aux consignes des 4 étapes de la recherche			DONC		
			Tests non-paramétriques	COMMENT ANALYSER UN-E... • Test T • Khi-carré • Test binomial • Analyse de variance • Test de signification du r • Coefficient c • Coefficient r	

www.collegeahuntsic.qc.CA/page dept/Sc_Sociales/psy/introsite/lexique/definitions. sources.htm

1. Choisir dans SPSS la bonne analyse en suivant les instructions du test choisi.

3. QUAND ET POURQUOI FAUT-IL FAIRE UN TEST T ?

- **Quand ?** À deux moments :

1. si votre recherche comporte deux groupes indépendants et que votre variable dépendante est quantitative;

2. ou si dans votre recherche les participants ont été l'objet de deux mesures (= un groupe à mesures répétées) et que votre variable dépendante est quantitative.

- **Pourquoi** faire un test t ? Pour comparer les moyennes de ces deux groupes (ou mesures) afin d'inférer une relation entre X et Y, le sexe et la scolarité, par exemple.

- Les tests statistiques comme le test t permettent au chercheur de rejeter ou non l'hypothèse nulle, donc de prendre une décision (accepter ou non l'hypothèse nulle Ho).

- Avant de procéder à un test t, il faut formuler vos hypothèses statistiques (Ho et H1).

3.1. FORMULER LES HYPOTHÈSES STATISTIQUES D'UN TEST T

- Dans la logique d'un test d'hypothèses - test t, khi carré, etc. - il y a toujours deux hypothèses statistiques.

- La première - l'hypothèse nulle ou Ho - est, comme son nom l'indique, une hypothèse qui postule qu'il n'y a pas de différence entre les moyennes des deux groupes (ou des deux mesures).

- Notez : Groupe 1 = Groupe 2 ou Mesure1 = Mesure2.

- La seconde - l'hypothèse alternative ou H1 - correspond habituellement à l'hypothèse de votre recherche. Contrairement à l'hypothèse nulle, cette hypothèse postule qu'il existe une différence entre les moyennes des deux groupes (ou des deux mesures).

- Notez : Groupe 1 <> Groupe 2 ou Mesure1 <> Mesure2. Ici <> signifie n'égale pas.

- L'existence de cette différence permet d'inférer que X est bien la cause de Y.

Attention ! Il y a deux types d'hypothèses alternatives ; l'hypothèse unilatérale (ou unicaudale) et l'hypothèse bilatérale (ou bicaudale).

- Une hypothèse **unilatérale** est formulée lorsque le chercheur désire vérifier une hypothèse de recherche. Par exemple : est-il vrai que la scolarité des hommes est supérieure à celle des femmes ? Si le chercheur répond oui à cette question, il formulera une hypothèse statistique unilatérale : H > F (on pourrait également formuler l'hypothèse inverse H < F). Ici, c'est l'un **ou** l'autre, ou bien on affirme H > F, ou bien on affirme H < F.

- Une hypothèse **bilatérale** est formulée lorsque le chercheur se contente de formuler un objectif de recherche. Par exemple : est-il vrai de dire que les scolarités des hommes et des femmes sont différentes ? *Différente* signifie logiquement deux choses : H > F et H < F, d'où le terme «bilatérale» (bi = deux, uni = un). Ici, c'est l'un **et** l'autre, il est possible que H > F et il se peut également que H < F.

3.2. TEST T : CE QU'IL FAUT ÉCRIRE DANS *L'ANALYSE DE DONNÉES* DE VOTRE RAPPORT FINAL

- Dans le **tableau** de votre *Analyse des données* de votre rapport final, vous devez inscrire les 5 informations suivantes :
  - o Le nombre de participants de chaque groupe (n = 15).
  - o La moyenne (mean) de chacun des groupes ou $\overline{X}$ (voir tableau ci-haut.)
  - o Le résultat ou la valeur du test t (dans le tableau ci-bas = 0,727 et 2,684).
  - o Le SIG. ou valeur de p, où p = probabilité de commettre l'erreur alpha, dans ce cas-ci = 0,473 et 0,006.
  - o Un astérisque - * - si la valeur de p de votre test est inférieure à 0,05 % donc résultat significatif.
  - o Attention : si votre hypothèse statistique est **unilatérale**, vous devez diviser le SIG. du tableau par 2 (0,000/2 = 0,000).
- Pour plus de détails, voir comment faire un tableau.
- Voici un exemple :

Titre —»	Tableau 1 Comparaisons entre les hommes et femmes sur le plan de la scolarité, du revenu et des réponses à la question 1.						
	Indicateurs	Groupes	n=	$\overline{X}$	Test t	Valeur de p	<0,05 = *
Analyse principale —»	Scolarité (en année)	Hommes	15	17,20	0,727	0,473	
		Femmes	15	16,87			
	Revenu annuel (en milliers de Da)	Hommes	15	57669	2,684	0,012/2	*
		Femmes	15	43297			
Analyse secondaire ---»				Foui	Khi carré		
	Question no 2 (=oui)	Hommes	15	10	4,821	0,028	*
		Femmes	15	4			

- Dans le **texte** de votre *Analyse de données* de votre rapport final, vous devez inscrire entre parenthèses les 3 informations suivantes, dans l'ordre :
  1. Le résultat du test t (= 2,684).
  2. Le dl (en français) ou degré de liberté du test (= 28).
  3. SIG. ou valeur de p, où p = probabilité de commettre l'erreur alpha. (= 0,006).
1.   Voici un exemple de ce qu'il faut écrire dans le **texte** de votre *Analyse de données* :

TEST T : CE QU'IL FAUT ÉCRIRE DANS *L'ANALYSE DE DONNÉES* DE VOTRE RAPPORT FINAL.

L'analyse des données de la présente recherche indique que les hommes gagnent en moyenne 57,669, alors que le salaire des femmes est de 43,297. La différence entre les deux groupes est donc significative **(Test t = 2,684, dl = 28, p = 0,006)**. On peut donc affirmer que le sexe influence les salaires. Et ainsi de suite...

- Notez que cet exemple n'illustre qu'un seul indicateur. Votre recherche en compte probablement plus.
- Attention : si votre hypothèse statistique est **unilatérale**, vous devez diviser le SIG. du tableau par 2 (0,000/2 = 0,000).
- Attention : Les couleurs - rouge, bleu, blanc - et les caractères gras de cette page sont utilisées pour attirer votre attention; il est donc inutile de les reproduire dans votre rapport.

Les tests paramétriques :

Qui va aborder la technique du T student car le niveau de mesure est intervalle ce qui suppose qu'il y'a deux échelles

Application n° 1 :

Un professeur d'anglais présente à une classe de 28 élèves, et il s'attend à une moyenne de 12/20, il obtient une distribution de moyenne observée 11/20, $\sigma = 3$

A- t'il atteint les normes attendues qui s'est fixé au seuil de probabilité qui est égale à o,5 ?

Les étapes du résultat :

- Ho dit qu'il n'existe pas une différence significative entre la moyenne attendue et la moyenne observée

- $$|Tcal| = \frac{|m1 - m2|}{\sigma/\sqrt{N}}$$

$$|Tcal| = \frac{|12 - 11|}{3/\sqrt{28}}$$

$$= \frac{1}{0,56}$$

$$= 1,78$$

Tth = {seuil de probabilité = 0,5
Ddl = 28 − 1 = 29

- Le Tcal est inférieur au Tth y'a acceptation de Ho et il n'existe pas de différence significative entre le M1 attendue et le M2 observée au seuil absolu de 0,5.

Application n° 2 :

Un professeur d'éducation physique observe 25 élèves du même âge à une performance à l'épreuve, la moyenne attendue était de 13 / 20 et à la distribution la moyenne observée était de 12,4 / 20.

Peut-il affirmer que les résultats de type de questions est inférieur à ceux des exemples des élèves du même age, en sachons que $\sigma = 0,8$ au seuil de probabilité = 0,1 ?

Les étapes des résultats :

- Ho il n'existe pas de différence significative entre la moyenne attendue et la moyenne observée.

-

- $$|Tcal| = \frac{|m1 - m2|}{\sigma \sqrt{N}}$$

$$|Tcal| = \frac{|13-12,4|}{0,8/\sqrt{25}}$$

$$= \frac{0,6}{0,16}$$

$$= 3,75$$

Tth = seuil de probabilité = 0,1

$$Ddl = 25 - 1 = 24$$

$$= 2,80$$

- Le TCAL est supérieur à Tth donc Ho est rejeté et il existe une différence significative entre les résultats de type de question est inférieure à la performance des enfants âgés entre la moyenne attendue et la moyenne observée au seuil de probabilité= 0,1

4. COMMENT FAIRE UN KHI CARRÉ

Dans cette page, vous trouverez:

1. Quand et pourquoi faut-il faire faire un khi carré ?

2. Comment formuler les hypothèses statistiques (Ho et H1) d'un khi carré

3. Les étapes à suivre pour faire ce test avec SPSS

4. Comment analyser les résultats d'un khi carré

5. Ce qu'il faut écrire dans l'analyse de données de votre rapport final :

- Dans le tableau de données de votre analyse
- Dans le texte de votre analyse
- Consulter l'arbre de décision

4.1. QUAND ET POURQUOI FAUT-IL FAIRE UN TEST KHI CARRÉ ?

o **Quand ?** Si votre recherche comporte deux groupes (deux mesures) et que votre variable dépendante est qualitative.

o **Pourquoi** faire un test khi carré ? Pour comparer les fréquences de ces deux groupes afin d'inférer une relation entre X (ex: sexe) et Y (Ex : les réponses - oui ou non - à la question no 1 de l'exercice SPSS).

o Les tests statistiques comme le khi carré permettent au chercheur de rejeter ou non l'hypothèse nulle, donc de prendre une décision.

o Avant de procéder à ce test, il faut formuler vos hypothèses statistiques (Ho et H1).

4.2. FORMULER LES HYPOTHÈSES STATISTIQUES D'UN KHI CARRÉ

o Dans la logique d'un test d'hypothèse, il y a toujours deux hypothèses statistiques.

o La première - l'hypothèse nulle ou Ho - est, comme son nom l'indique, une hypothèse qui postule qu'il n'y a pas de différence entre les fréquences ou les proportions des deux groupes; notez : Groupe 1 = Groupe 2.

o   La seconde - l'hypothèse alternative ou H1 - correspond habituellement à l'hypothèse de votre recherche. Contrairement à l'hypothèse nulle, cette hypothèse postule qu'il existe une différence entre les fréquences des deux groupes, différence qui ne serait pas due au hasard.

o   L'existence de cette différence permet d'inférer que X est bel et bien la cause de Y.

o   Attention : contrairement au test t, il n'y a qu'un type d'hypothèse alternative; l'hypothèse bilatérale.

o   Par exemple : est-il vrai de dire que les fréquences (de oui et de non à la question no 1) des hommes et des femmes sont différentes ou indépendantes l'une de l'autre ?

o   Différente signifie logiquement deux choses : H > F et H < F, d'où l'expression bilatérale (bi = deux, uni = un). Ici, c'est l'un **et** l'autre, car les deux propositions H > F et H < F sont possibles.

o   Notez cependant que si l'hypothèse est bilatérale, le test lui-même est toujours unilatéral.

4.3. KHI-CARRÉ : CE QU'IL FAUT ÉCRIRE DANS *L'ANALYSE DE DONNÉES* DE VOTRE RAPPORT FINAL

o   Dans le **tableau** de *l'analyse de données* de votre rapport final, vous devez inscrire les 5 informations suivantes :

   o   Le nombre de participants de chaque groupe (n = 15).

   o   Les fréquences (F) ou les pourcentages (%) de OUI (car ici on peut déduire le nombre de NON).

   o   Le résultat du test = Value (dans le tableau ci-bas = -0,159).

   o   La valeur de p ou SIG., où p = probabilité de commettre l'erreur alpha, dans cet exemple = 0,690.

   o   Un astérisque - * - si la valeur de p de votre test est inférieure à 0,05 % donc résultat significatif.

o   Pour plus de détails, voir comment faire un tableau.

o   Voici un exemple :

Tableau 1

Comparaisons entre les hommes et femmes sur le plan de la scolarité, du revenu et des réponses à la question 1.

	Indicateurs	Groupes	n=	Foui	khi-carré	Valeur de p	<0,05 = *
Analyse principale ---»	Question no 1 (=oui)	Hommes	15	5	0,159	0,690	
		Femmes	15	4			
		✗		Test T			
	Revenu annuel (en milliers de Da)	Hommes	15	57669	2,684	0,012/2	*
		Femmes	15	43297			

Analyse secondaire ---»

- Il faut placer ce tableau à la suite du texte. Voir p.276.
- Dans le **texte** de *l'analyse de données* de votre rapport final, vous devez inscrire les trois informations suivantes entre parenthèses, dans l'ordre :

   1. Le résultat ou la valeur du khi carré (= 0,159).

   2. Le dl (df en anglais) ou degré de liberté du test, dans ce cas-ci = 1.

   3. SIG. ou valeur de p, où p = probabilité de commettre l'erreur alpha (= 0,690).

- Voici un exemple de ce qu'il faut écrire dans le **texte** de votre *analyse de données* :

Exemple : d'analyse des données pour un khi carré

L'analyse des données de la présente recherche indique que les hommes ont répondu oui à la question 1 à cinq reprises, alors que les femmes ont donné cette réponse à quatre reprises. La différence entre les deux groupes n'est donc pas significative **(khi carré = 0,159, dl = 1, p = 0,690)**. On peut donc conclure que le sexe n'influence pas les réponses à la question No 1. Et ainsi de suite...

<u>**Les statistiques différentielles :**</u>

- Qui est l'ensemble de techniques qui permettent de formuler une décision.
- Permet de décider à un niveau de signification.
- Donne si la tendance observée sur un échantillon et aussi la tendance au niveau de la population « parente ».

<u>*Exercice 01 :*</u>

Un chercheur veut étudier l'opinion des universitaires sur le phénomène de la mixité en cité universitaire, il a contribué un échantillon aléatoire, filles et garçons à qui il a administré un questionnaire, il a obtenu les résultats suivants :

Etudiants	*étudiantes*
Oui : 195	*oui : 205*
Non : 98	*non : 110*
j.n.s.p : 23	*j.n.s.p : 25*

- On vous demande s'il y a différence significative entre les filles et les garçons concernant la mixité en seuil de probabilité Sigma = 0.05 ?

V1 / V2	OUI	NON	?	TOTALE
fille	205	110	25	340
garçon	195	98	23	316
totale	400	208	48	556

- **Tableau des effectifs théoriques :**

V1 /v2	Oui	Non	?
Fille	T1= $\dfrac{340×400}{656}$ =207,31	T2= $\dfrac{340×208}{656}$ =107,80	t3 = $\dfrac{340×48}{656}$ =24,87
Garçon	T4= $\dfrac{316×400}{656}$ =192,61	T5= $\dfrac{316×208}{656}$ =100,19	T6= $\dfrac{316×48}{656}$ =23,12
Totale	=399,92	=207,99	=47,99

❖ Tableau des effectifs théoriques et les effectifs observés :

V1 / V2	Oui	Non	?
Fille	O1= 205 T1= 207,31	O2= 110 T2= 107,80	O3= 25 T3= 24,87
Garçon	O4= 195 T4=192,61	O5= 98 T5= 100,19	O6= 23 T6= 23,12

- Le calcul du Chi carré calculé :

$$K^2 \, cal = \Sigma \, \frac{(O - T)^2}{T}$$

- La conclusion de la recherche :

-

$$K^2 cal = \frac{\Sigma (o - t)}{T}$$

$$= \frac{(205\text{-}207,31)^2}{207,31} \quad + \quad \frac{(110\text{-}107,80)^2}{107,80} \quad + \quad \frac{(25\text{-}24,87)^2}{24,87}$$

$$+ \frac{(195\text{-}192,61)^2}{192,61} \quad + \quad \frac{(98\text{-}100,19)^2}{100,19} \quad + \quad \frac{(23\text{-}23,12)^2}{23,12}$$

$$= 0,0257 + 0,0448 + 0,0006 + 0,0296 + 0,0478 + 0,0006$$
$$= 0,149$$

Le $\quad K^2 th = ddl \, (c - 1) \times (1 - 1)$
$$= (3 - 1) \times (2 - 1)$$
$$= 2 \quad \text{et} \, \infty \text{ est fixe et donc le } K^2 th = 5,991$$

En conclusion le $K^2 th$ est supérieur au $K^2 cal$ ce qui fait qu'on accepte Ho et il n'existe pas une différence significative entre les ♀ et les ♂ sur le phénomène de la mixité.

Exercice 02 :

Soit la situation de recherche suivante, on a interrogé 80 professeurs de l'enseignement technique et 92 enseignants générales sur les introductions des N.T.I.C dans leurs enseignement, on a recueillis leurs opinions, ils se répartissent de la manière suivante :

E.T :   E.G :

Favorable : 20   favorable : 41
Neutre :   24   neutre : 26
Défavorable : 36   défavorable : 25

- Y'a-t-il une différence significative en ce qui concerne les opinions des deux types d'enseignants concernant l'introduction intrique de leurs enseignement au seuil de probabilité = 0,01 ?

V1 / v2	favorable	neutre	défavorable	totale
Enseignants techniques	20	24	36	80
Enseignants générales	41	26	25	92
totale	61	50	61	172

- Tableau des effectifs théoriques :

V1 / V2	favorable	neutre	défavorable
Enseignants techniques	$T1 = \dfrac{80 \times 61}{172}$ $= 28,372$	$T2 = \dfrac{80 \times 50}{72}$ $= 23,255$	$T3 = \dfrac{80 \times 61}{172}$ $= 28,372$
Enseignants générales	$T4 = \dfrac{92 \times 61}{172}$ $= 32,627$	$T5 = \dfrac{92 \times 50}{172}$ $= 26,744$	$T6 = \dfrac{92 \times 61}{172}$ $= 32,627$
totale	$= 60,999$	$= 49,999$	$= 60,999$

- **Tableau** des effectifs théoriques et les effectifs observés :

V1 / v2	favorable	neutre	défavorable
Enseignants techniques	O1= 20 T1= 28,37	O2= 24 T2= 23,25	O3= 36 T3= 28,37
Enseignants générales	O4= 41 T4= 32,62	O5= 26 T5= 26,74	O6= 25 T6= 32,62

- La conclusion de la recherche :

$$K^2cal = \frac{(o-t)^2}{t}$$

$$= \frac{(20-28,37)^2}{28,37} + \frac{(24-23,25)^2}{23,25} + \frac{(36-28,37)^2}{28,37}$$

$$+ \frac{(41-32,62)^2}{32,62} + \frac{(26-26,74)^2}{26,74} + \frac{(25-32,62)^2}{32,62}$$

$$= 2,469 + 0,024 + 2,052 + 2,152 + 0,020 + 1,780$$

$$K^2cal = 8,497$$

Et le $K^2th = (c-1) \times (l-1)$

$$= (3-1) \times (2-1)$$

= 2 avec seuil de probabilité fixe

$$K^2th = \mathbf{9.635}$$

Et donc le K^2cal est inférieur au K^2th et on accepte Ho donc il y'a pas une différence significative entre les enseignants du technique et les enseignants du générale sur l'introduction intrique des N.T.I.

5. COMMENT FAIRE UN TEST BINOMIAL COMMENT FAIRE UN TEST BINOMIAL

Dans cette page, vous trouverez :

1) Quand et pourquoi faut-il faire un test binomial ?

2) Comment formuler les hypothèses statistiques (Ho et H1) de ce test

3) Les étapes à suivre pour faire un test binomial avec SPSS

4) Comment analyser le résultat de ce test.

5) Ce qu'il faut écrire dans l'analyse des données de votre rapport final:

- Dans le texte de votre analyse

- Dans le tableau de données de votre analyse

Consulter l'arbre de décision

Consulter les consignes de l'étape III

5.1. QUAND ET POURQUOI FAUT-IL FAIRE UN TEST BINOMIAL?

○ **Quand ?** Si votre recherche ne comporte qu'un seul groupe, donc pas de X, et que les participants ont choisi une option ou une autre (situation de choix), ou ont répondu oui ou non à une question (donc une variable nominale Y).

○ **Pourquoi** faire un test binomial ? Pour comparer les fréquences observées (vos résultats) aux fréquences théoriques (ce que prédit le hasard).

○ Les tests statistiques comme le test binomial permettent au chercheur de rejeter ou non l'hypothèse nulle, donc de prendre une décision.

○ Avant de procéder à un test binomial, il faut formuler vos hypothèses statistiques (Ho et H1).

5.2. FORMULER LES HYPOTHÈSES STATISTIQUES D'UN TEST BINOMIAL

○ Dans la logique d'un test d'hypothèses, il y a toujours deux hypothèses statistiques.

○ La première - l'hypothèse nulle ou Ho - est, comme son nom l'indique, une hypothèse qui postule qu'il n'y a pas de différence entre les fréquences des deux choix ou des réponses oui et non.

○ Notez : Groupe 1/Choix1 = Groupe 1/Choix 2

○ La seconde - l'hypothèse alternative ou H1 - correspond habituellement à l'hypothèse de votre recherche. Contrairement à l'hypothèse nulle, cette hypothèse postule que la fréquence des réponses ou des choix des participants s'écartent significativement du hasard.

○ Notez : Groupe 1/Choix1 ≠ Groupe 1/Choix 2.

○ L'existence de cette différence permet d'inférer qu'Y n'est pas dû au hasard.

○ Attention : contrairement au test T, il n'y a qu'une seule hypothèse alternative : l'hypothèse bilatérale.

○ Par exemple : est-il vrai de dire que chez les participants la fréquence de OUI à la question no 1 est plus élevée que le hasard le prédit (hasard = 1/2) ?

○ Différente signifie logiquement deux choses : La réponse OUI ou le CHOIX A peut être plus ou moins fréquente que le hasard. Ici, l'un **et** l'autre sont possibles : il se peut que OUI > hasard et il se peut également que Oui < hasard

5.3. BINOMIAL : CE QU'IL FAUT ÉCRIRE DANS L'ANALYSE DE DONNÉES DE VOTRE RAPPORT FINAL

- Dans le **tableau** de *l'analyse des données* de votre rapport final, vous devez inscrire les 4 informations suivantes:
  - o Les fréquences observées ou F observées (**F** oui = 9 – **F** non = 21).
  - o Les fréquences théoriques ou F théoriques (**F** oui = 15 – **F** non =15).
  - o La valeur de p, où p = probabilité de commettre l'erreur alpha, dans ce cas-ci = 0,045.
  - o Un astérisque - * - si la valeur de p de votre test est inférieure à 0,05 % donc résultat significatif. Ici c'est le cas.
- Pour plus de détails, voir Comment faire un tableau.

Voici un exemple :

Tableau 1

Titre ---» Comparaisons entre hommes et femmes sur le plan de scolarité, des revenus et de la réponse à la question 1.

	Indicateurs	Groupes	n=	$\overline{X}$	Test t	Valeur de **p**	<0,05 = *
Analyse principale ---»	Scolarité (en année)	Hommes	15	17,20	-0,727	0,473	
		Femmes	15	16,87			
	Revenu annuel (en millier de Da)	Hommes	15	57669	0,684	0,006	*
		Femmes	15	43297			
Analyse secondaire ---»			**Binomial**				
			F observées	**F théoriques**			
	Question no 1	Oui	9	15		0,045	*
		Non	21	15			

88

- Dans le **texte** de *l'analyse de données* de votre rapport final, vous devez inscrire les 2 informations suivantes, dans l'ordre :
  - o La valeur p du test Binomial =, où p = probabilité de commettre l'erreur alpha, ici 0,045.
  - o La probabilité théorique, ici p = 0,5.
- Voici un exemple de ce qu'il faut écrire dans le **texte** de votre *analyse de données* :

Exemple : d'analyse pour un test binomial

L'analyse des données de la présente recherche révèle que les participants ont répondu plus souvent non que oui à la question No 1. Cette différence est significative **(Binomial = 0,045, p = 0,5).** Et ainsi de suite...

- Notez que cet exemple n'illustre qu'un seul indicateur. Votre recherche en compte probablement plus.
- Attention : Les couleurs - rouge, bleu, blanc - et les caractères gras de cette page sont utilisées pour attirer votre attention; il est donc inutile de les reproduire dans votre rapport.

6. COMMENT CALCULER UN COEFFICIENT DE CORRÉLATION (r)

1. Quand et pourquoi faut-il calculer un coefficient de corrélation de Pearson
2. Les étapes à suivre pour calculer le coefficient r
3. Comment analyser le résultat de ce test avec SPSS
4. Comment formuler les hypothèses statistiques (Ho et H1) du test de signification du r
5. Ce qu'il faut écrire dans l'analyse des données de votre rapport final :
   - Dans le tableau de données de votre analyse
   - Dans le texte de votre analyse

Consulter l'arbre de décision

Consulter les consignes de l'étape III

Bas de la page

6.1. QUAND ET POURQUOI FAUT-IL CALCULER UN COEFFICIENT DE CORRÉLATION (r) ?

1. **Quand** ? Si votre recherche comporte une variable indépendante quantitative (X) et une variable dépendante quantitative (Y).

2. **Pourquoi** calculer un coefficient de corrélation ?
   o Pour établir l'existence d'un lien entre X et Y.
   o Pour mesurer la force ou l'intensité de ce lien.
   o Pour inférer l'existence d'une corrélation au sein de la population (r + test de signification de la pente).

6.2. COMMENT FORMULER LES HYPOTHÈSES DU TEST DE SIGNIFICATION DE LA PENTE

- Le second résultat - 0,345 - est obtenu au moyen d'un test d'hypothèse.

- Ce test - **le test de signification de la pente ou du r** - permet de décider si ce lien - ici 0,179 - est significatif, autrement dit si la corrélation observée entre X et Y (= votre échantillon) existe bel et bien au sein de la population à l'étude.

- Dans la logique d'un test d'hypothèses, il y a toujours deux hypothèses statistiques.

- La première - l'hypothèse nulle ou Ho - est, comme son nom l'indique, une hypothèse qui postule que la relation entre X et Y est due au hasard, autrement dit qu'il n'y a pas de relation entre X et Y (nulle= absence de relation).

- La seconde - l'hypothèse alternative ou H1 - correspond habituellement à l'hypothèse de votre recherche. Contrairement à l'hypothèse nulle, cette hypothèse suggère que la relation entre X et Y ne peut être attribuée au hasard; il existe donc un lien entre X et Y au sein de la population.

- Notez hypothèse nulle: $r = 0$ et hypothèse alternative: $r \diamond 0$.

- Rappelons qu'en sciences humaines le seuil de signification est de 0,05.

- Si votre SIG. ou valeur de p est **supérieure à 0,05,** vous devez accepter l'hypothèse nulle et conclure que la corrélation observée entre X et Y est due au hasard.

- Si votre SIG. ou valeur de p est **inférieure à 0,05,** vous devez rejeter l'hypothèse nulle et conclure qu'une corrélation entre X et Y existe bel et bien au sein de la population.

6.3. CORRÉLATION : CE QU'IL FAUT ÉCRIRE DANS *L'ANALYSE DE DONNÉES* DE VOTRE RAPPORT FINAL

- Dans le **tableau** de *l'analyse des données* de votre rapport final, vous devez inscrire les quatre informations suivantes:

  o Le nombre (n=) de participants, dans ce cas 30.

  o Le r de Pearson, ici 0,179.

  o La valeur de p, où p = probabilité de commettre l'erreur alpha. Dans cet exemple = 0,345.

  o Un astérisque - * - si la valeur de p de votre test est inférieure à 0,05 % donc résultat significatif.

Titre----»	Tableau 1 Relation entre la scolarité des participants et leurs revenus annuels.				
Analyse principale—»	Variables	n=	r	Valeur de p	<0,05 = *
	Scolarité (en année)	30	0,179	0,345	
	Revenu annuel en Da				

- Dans le **texte** de *l'analyse de données* de votre rapport final, vous devez inscrire entre parenthèses les 2 informations suivantes, dans l'ordre :

  ▪ Le coefficient de corrélation ou r=, ici 0,179.

  ▪ La valeur de p du r, où p = probabilité de commettre l'erreur alpha. Ici 0,345.

- Voici un exemple de ce qu'il faut écrire dans le **texte** de votre *analyse de données*

***Exemple :* d'analyse des données pour une corrélation**

L'analyse des données de la présente recherche montre qu'il n'existe aucune relation entre la scolarité des participants et leur revenu annuel (**r = 0,179, p = 0,345**). Et ainsi de suite...

- Il convient de noter que cet exemple n'illustre qu'un seul indicateur. Votre recherche en compte probablement plus.

- Attention : Les couleurs - rouge, bleu, blanc - et les caractères gras de cette page sont utilisés pour attirer votre attention; il est donc inutile de les reproduire dans votre rapport.

7. COMMENT CALCULER UN COEFFICIENT DE CONTINGENCE (C)

1. Quand et pourquoi faut-il calculer un coefficient de contingence ?

2. Les étapes à suivre pour calculer un coefficient de contingence (C)

3. Comment formuler les hypothèses statistiques pour vérifier si un C est significatif

4. Comment analyser le résultat d'un test de contingence avec SPSS

5. Ce qu'il faut écrire dans l'analyse des données de votre rapport final

- Dans votre tableau de données

- Dans le texte de votre analyse des données

Consulter l'arbre de décision

Consulter les consignes de l'étape III

7.1. QUAND ET POURQUOI FAUT-IL CALCULER UN COEFFICIENT DE CONTINGENCE ?

1) **Quand ?** Si vous voulez décrire la relation entre deux variables qualitatives nominales (X et Y).

2) **Pourquoi** calculer ce coefficient ?

   o Pour établir l'existence d'une association entre X et Y au sein de l'échantillon.

   o Pour mesurer le degré d'association ou de co-occurrence entre X et Y au sein de l'échantillon.

   o Pour inférer une relation entre X et Y au sein de la population (C + test de signification).

7.2. COMMENT ANALYSER LE RÉSULTAT D'UN COEFFICIENT DE CONTINGENCE (C)

- Dans un test de contingence, il y a deux données importantes:

   o Le résultat du test de contingence ou Value, ici ,073. (voir tableau ci-bas).

   o La valeur de p du test C, soit Approx. sig. dans ce cas-ci ,690.

sexe des sujets * réponse à la question 1 Crosstabulation

Count

		réponse à la question 1		Total
		oui	non	
sexe des sujets	homme	5	10	15
	femme	4	11	15
Total		9	21	30

Symmetric Measures

		Value	Approx. Sig.
Nominal by Nominal	Contingency Coefficient	1 ,073	2 ,690
N of Valid Cases		30	

a. Not assuming the null hypothesis.

b. Using the asymptotic standard error assuming the null hypothesis.

- le premier résultat - 0,073 - mesure le degré de co-occurrence entre les variables dépendante nominale (Y) et indépendante nominale (X) de votre échantillon.
- Rappelons que 0 équivaut à une absence de lien, alors qu'un lien parfait entre X et Y = 1.
- Par convention, on dira que la relation entre X et Y est:
  - parfaite si C = 1
  - très forte si C > 0,8.
  - forte si C se situe entre 0,5 et 0,8.
  - d'intensité moyenne si C se situe entre 0,2 et 0,5.
  - faible si C se situe entre 0 et 0.2.
  - Nul si C = 0
- Il convient de noter que ces qualificatifs (intensité forte, moyenne, faible) ne sont utilisés dans le texte qu'a la fin de comparaison, et non dans le but d'évaluer l'intensité de la relation entre deux variables. Ils ne peuvent se substituer au coefficient de contingence, qui est une mesure bien plus précise que les mots.
- Le second résultat - 0,345 - est obtenu au moyen d'un **test d'hypothèse**.
- Ce test permet de décider si ce lien - 0,073 - est **significatif**, autrement dit, si l'association observée entre X et Y (= votre échantillon) existe au sein de la population à l'étude.

- Dans la logique d'un test d'hypothèses, il y a toujours deux hypothèses statistiques.
- La première - l'hypothèse nulle ou Ho - est, comme son nom l'indique, une hypothèse qui postule que la relation entre X et Y est due au hasard, autrement dit qu'il n'y a pas de relation entre X et Y (nulle= absence de relation).
- La seconde - l'hypothèse alternative ou H1 - correspond habituellement à l'hypothèse de votre recherche. Contrairement à l'hypothèse nulle, cette hypothèse suggère que la relation entre X et Y ne peut être attribuée au hasard; il existe donc un lien entre X et Y au sein de la population.
- Notez hypothèse nulle: $C = 0$ et hypothèse alternative: $C <> 0$.
- Rappelons qu'en sciences humaines, le seuil de signification est de 0,05.
- Si votre SIG. ou valeur de p est **supérieure à 0,05,** vous devez accepter l'hypothèse nulle et conclure que l'association ou la co-occurrence observée entre X et Y est due au hasard.
- Si votre SIG. ou valeur de p est **inférieure à 0,05,** vous devez rejeter l'hypothèse nulle et conclure que la corrélation entre X et Y existe bel et bien au sein de la population.

7.3. COEFFICIENT DE CONTINGENCE : CE QU'IL FAUT ÉCRIRE DANS VOTRE RAPPORT FINAL

- Dans le **tableau** de *l'analyse des données* de votre rapport final, vous devez inscrire les informations suivantes :
  - Le nombre (n=) de participants, dans ce cas 30.
  - Le C ou coefficient de contingence, ici 0,073.
  - La valeur de p, où p = probabilité de commettre l'erreur alpha, dans cet exemple = 0,690.
  - Un astérisque - * - si la valeur de p de votre test est inférieure à 0,05 % donc résultat significatif. Ici ce n'est pas le cas.
- Pour plus de détails, voir comment faire un tableau.
- Voici un exemple

Titre-----»	**Tableau 1** Relation entre le sexe des participants et la réponse à la question no 1.				
Analyse principale--»	Contingence	**n=**	**C**	Valeur de **p**	<0,05 = *
	Sexe des participants	30	0,073	0,690	
	Réponse à la question no 1				

- Dans le **texte** de votre *Analyse de données* de votre rapport final, vous devez inscrire entre parenthèses les 2 informations suivantes, dans l'ordre :

- Le coefficient de contingence ou C = 0,073.
- La valeur de p, où p = probabilité de commettre l'erreur alpha, dans cet exemple = 0,690.

- Voici un exemple de ce qu'il faut écrire dans le **texte** de votre *analyse de données* :

Exemple : d'analyse des données pour un test de contingence

L'analyse des données de la présente recherche montre qu'il n'existe aucune relation entre le sexe des sujets et la réponse à la question no 1 **(C = 0,073, p = 0,690).** Et ainsi de suite...

L'analyse des données de la présente recherche montre qu'il n'existe aucune relation entre le sexe des sujets et la réponse à la question no 1 **(C = 0,073, p = 0,690).** Et ainsi de suite...

- Notez que cet exemple n'illustre qu'un seul indicateur. Votre recherche en compte probablement plus.

- Attention : Les couleurs - rouge, bleu, blanc - et les caractères gras de cette page sont utilisés pour attirer votre attention; il est donc inutile de les reproduire dans votre rapport.

8. COMMENT CONSTRUIRE ET PRÉSENTER UN TABLEAU DE DONNÉES

1. À quoi sert un tableau de données?

    2. Comment construire votre tableau de données?

    3. Que contient ce tableau?

    4. Comment présenter votre tableau de données?

    5. Où devez-vous placer votre tableau?

- La fonction première d'un tableau de données est de présenter les résultats de votre recherche sous forme de chiffres.

- Le tableau ci-dessous a été construit à partir des données de l'exercice SPSS (scolarité/salaires chez les hommes et les femmes, sauf pour la question no 2).

- Il s'agit d'un modèle que vous pouvez suivre pour faire le tableau de l'analyse de données de votre recherche.

- Votre *Analyse des données* ne doit contenir qu'un seul tableau.

- Ce tableau doit résumer les résultats des tableaux SPSS que vous avez copiés dans le fichier WORD des objectifs de votre recherche.

- Pour construire ce tableau, ouvrez :

- Créez un tableau semblable au tableau ci-bas (5X7) grâce au menu WORD ➡TABLEAU + INSÉRER +TABLEAU

- Nommez vos x colonnes et x lignes, puis centrez les titres (indicateurs, groupes, n =, etc.).

- Votre tableau contient l'essentiel des résultats de vos analyses SPSS.
- Copiez dans votre tableau les résultats descriptifs (n =, moyenne, fréquence ou pourcentage, selon le cas) et comparatifs (Test t, khi carré, test binomial, valeur de p et * si p est significatif donc <0,05) de SPSS que vous avez copiés dans votre fichier d'objectifs.
- Par convention, on place les indicateurs de l'analyse principale qui font l'objet d'une comparaison dans le haut du tableau, qu'ils soient ou non significatifs; ceux de l'analyse secondaire dans le bas, si et seulement s'ils sont significatifs.

Tableau 1

Comparaisons entre les hommes et femmes sur le plan de la scolarité, du revenu et des réponses à la question 2.

Analyse principale —»	Indicateurs	Groupes	n=	$\overline{X}$	Test t	Valeur de p	<0,05 = *
	Scolarité (en année)	Hommes	15	17,20	-0,727	0,473	
		Femmes	15	16,87			
Analyse secondaire —»	Revenu annuel (en millier de Da)	Hommes	15	57669	2,684	0,012/2	*
		Femmes	15	43297			
				Foui	Khi carré		
	Question no 2 (=oui)	Hommes	15	10	4,821	0,028	*
		Femmes	15	4			

- Attention : La forme et le contenu exacts de votre tableau varient en fonction de la nature de vos données et du ou des tests statistique (s) que vous avez choisi (s) :
- Cliquez sur votre test pour obtenir un exemple + précis :

Test t	Khi-carré	Test binomial	Corrélation	Contingence	Analyse de variance

Pour présenter votre tableau, observez les règles suivantes :

- o Utilisez une police 12, ou 10 pour réduire la taille de votre tableau.
- o Donnez un **titre** précis à votre tableau.
- o Le titre doit décrire le contenu général de votre tableau (vous pouvez omettre l'analyse secondaire).
- o Placez ce titre **au dessus** du tableau (Ex : Tableau 1).
- o Annoncez votre tableau dans le texte de votre *Analyse de données* (Ex: Voir tableau 1).

- Finalement, insérez votre tableau dans l'analyse des données principales de votre rapport final .
- Ne jamais placer votre tableau au tout début du texte de votre analyse principale.
  - o Insérez plutôt votre tableau à la suite du texte qui annonce ce tableau (Ex: Voir tableau 1).
  - o Dans tous les cas, il faut présenter votre tableau avant la figure de l'analyse principale.
  - o Autant que possible, placez du texte entre le tableau et la figure.
  - o Si votre tableau fait plus d'une page, même après l'avoir réduit (police 10 plutôt que 12), scindez-le en deux - un tableau pour l'analyse principale et un tableau pour l'analyse secondaire - et placez le tableau principal dans l'analyse des données et le tableau secondaire en annexe de votre rapport de recherche.

TRANSFORMER UNE VARIABLE

Pour faciliter l'analyse des données, il faut parfois transformer une variable quantitative en variable nominale (classes).

Cette transformation se fait en deux étapes :

1. Il faut d'abord trouver le point milieu (=médiane) de la distribution de vos données.
2. Ensuite, il faut transformer votre variable quantitative en variable qualitative nominale

9. RÉDIGER *L'ANALYSE DES DONNÉES* DE VOTRE RAPPORT FINAL

Vous avez terminé l'analyse de vos données avec SPSS ? Vous avez construit votre tableau avec WORD? Tracez votre figure ? La seconde partie de l'étape III consiste maintenant à rédiger *l'analyse des données* de votre rapport final.

Dans cette partie, vous trouverez :

Ce qu'il faut savoir avant de rédiger votre analyse de données

Le texte de votre analyse des données contient trois sections :

      A. L'introduction : les méthodes d'analyse

      B. L'analyse des données

          B.1. Les données principales

          B.2. Les données secondaires (s'il y a lieu)

      C. La conclusion

Comment présenter vos résultats par écrit

Comment présenter vos résultats sous forme de tableau

Comment présenter vos résultats sous forme de figure

10. AVANT DE COMMENCER LA RÉDACTION DE VOTRE *ANALYSE DES DONNÉES*

- Voici un modèle *d'analyse de données;* suivez ce modèle.

- L'analyse de données est la troisième partie de votre rapport final : 1) problématique; 2) méthode; 3) analyse de données; 4) interprétation des résultats.

- Il s'agit d'un court texte de deux ou trois pages qui présente aux lecteurs les résultats de votre analyse de données.

- Il se divise en trois parties :

      A. L'introduction : les méthodes d'analyse

      B. L'analyse de vos données

          B.1. Les données principales

          B.2. Les données secondaires (s'il y a lieu)

      C. La conclusion

10.1.   INTRODUCTION : LES MÉTHODES D'ANALYSE

- Ouvrez votre livre à la page correspondante : voici un exemple d'introduction de l'analyse de données.

- Cette introduction consiste à expliquer aux lecteurs ce que vous avez fait pour analyser vos données avec SPSS.

- Il faut donc préciser :

  o l'unité de mesure de votre variable dépendante. Ex : des comportements, des réponses à un questionnaire ou à un test, etc.

  o les paramètres des principaux indicateurs de la variable Y (fréquence, durée, quantité, absence/présence, latence, séquence, etc.).

  o les échelles de mesure des principaux indicateurs (quantitative, nominale, ordinale).

  o les groupements ou transformations de ces indicateurs lors de l'analyse : Avez-vous transformé une variable quantitative en classe (en utilisant la fonction RECODE de SPSS)? Avez-vous analysé certaines classes de sujets séparément (en utilisant la fonction SELECT CASES de SPSS) ? Avez-vous fusionné des indicateurs pour en faire un indice (en utilisant la fonction COMPUTE de SPSS ou en créant manuellement une nouvelle colonne?).

  o Quels tests avez-vous utilisé pour comparer vos groupes et analyser vos données (Khi-deux, test t, binomiale, etc.) ?

  o Quels logiciels vous ont permis d'analyser vos données ou de tracer vos figures? SPSS, EXCEL?

- Longueur : un ou deux paragraphes.

- Annoncez cette première partie de l'analyse des données par le titre suivant : *Les méthodes d'analyse.*

10.2. LES RÉSULTATS : PRÉSENTATION DE L'ANALYSE PRINCIPALE

- La seconde section de votre analyse - *Les résultats* - se divise en deux :

  o L'analyse principale

  o L'analyse secondaire

- La première partie de cette section est l'analyse principale.

- Elle ne concerne que votre problème de recherche (hypothèse ou objectif de votre problématique, votre VI+VD/Indicateurs).

- Vous devez donc comparer les groupes de votre VI en fonction de chacun des indicateurs de votre VD.

- Il s'agit ici de présenter les résultats des comparaisons effectuées avec SPSS et qui permettent de vérifier votre hypothèse ou votre objectif.

- Vous devez présenter ces résultats sous trois formes :
    - Par écrit, qu'ils soient ou non significatifs.
    - Sous forme de tableau, qu'ils soient ou non significatifs.
    - Sous forme de figure, qu'ils soient ou non significatifs.

- Le produit final est un court texte de 2 à 3 pages qui présente les principaux résultats de vos analyses/tableaux SPSS, entrecoupé d'un tableau et d'une figure (voir exemple ci-dessus de votre livre ou l'exemple de votre cahier d'exercices).

- Voir selon le cas les exemples au bas des tests d'hypothèse (test t, binomiale, khi-deux, etc.).

- Attention : Qu'ils soient ou non significatifs, les résultats de votre analyse principale doivent figurer dans l'*analyse de données* de votre rapport final.

- Annoncez cette seconde partie de votre analyse des données par le titre : *Les résultats.*

- Longueur : une page, deux avec le tableau et la figure.

- Inutile d'ajouter une conclusion pour cette partie.

- Rappel : dans l'exemple de l'exercice SPSS, l'analyse principale consistait à montrer que, à scolarités égales, les hommes ont un revenu moyen supérieur au revenu moyen des femmes.

- Dans cette recherche, il fallait d'abord montrer que la scolarité des hommes et la scolarité des femmes sont équivalentes (ce qui est le cas si on se fie au test t du corrigé de l'exercice).

- Ensuite, il fallait comparer les revenus des hommes et des femmes de l'échantillon.

- Les indicateurs de l'analyse principale de cette recherche étaient donc : la *scolarité* et les *revenus*.

10.3. LES RÉSULTATS : PRÉSENTATION DE L'ANALYSE SECONDAIRE

- L'analyse secondaire des données est la seconde partie de la section *Les résultats*.

- Le terme *secondaire* s'applique ici aux variables qui n'ont pas fait l'objet d'une hypothèse ou d'un objectif de recherche dans votre problématique, mais qui ont néanmoins été observées/mesurées au moyen de votre grille/questionnaire.

- Il peut s'agir de variables parasites que vous avez tenté de contrôler ou d'autres variables qui n'ont pas fait l'objet d'étude scientifique (du moins si on se fie à vos sources).

- Attention : Les résultats de ces analyses sont présentés si, et seulement si, ils sont significatifs.

- Vous devez présenter ces résultats :
  - o   Par écrit, seulement s'ils sont significatifs.
  - o   Sous forme de tableau, seulement s'ils sont significatifs.
  - o   Sous forme de figure, seulement s'ils sont significatifs.

- Le produit final est un court texte placé à la suite de l'analyse principale, qui présente les **résultats significatifs** de vos analyses secondaires, entrecoupées d'une figure qui illustre ces résultats significatifs (voir exemple ci-dessus).

- Attention : Les résultats statistiques de votre analyse secondaire doivent être placés dans le tableau sous les résultats de l'analyse principale.

- Longueur: varie selon le nombre de résultats secondaires significatifs.

- Rappel : Dans l'exemple de l'exercice SPSS, il n'y a qu'une seule donnée secondaire : la réponse à la question no 1, et elle n'était pas significative. Pour les fins de l'exemple, j'ai donc ajouté au tableau ci-bas un résultat significatif pour la question no 2 (qui n'était pas dans l'exercice).

- Il y a toujours au moins une variable qui peut faire l'objet d'une analyse secondaire dans une recherche (Ex: âge, sexe, programme d'étude, moment de l'observation, durée de l'observation, origines ethniques, etc.).

10.4. LA CONCLUSION DES ANALYSES PRINCIPALES ET SECONDAIRES

- Un court paragraphe pour rappeler les résultats significatifs des analyses principales et secondaires.

11. PRÉSENTER VOS RÉSULTATS PAR ÉCRIT

- *L'analyse des données* principales et secondaires est un court texte continu entrecoupé d'un tableau et, selon le cas, d'une ou deux figures.

- Présentez d'abord par écrit les résultats de l'analyse principale, ceux qui permettent de vérifier votre hypothèse (ou votre objectif).

- Insérez ensuite dans le texte les pourcentages, les moyennes ou les fréquences, selon le cas.

- Placez à la fin de la phrase, entre parenthèses, les résultats des tests d'hypothèse, s'il y a lieu.

- Voici un court exemple pour le test t :

  Exemple d'analyse des données :

  Dans cette recherche, les hommes et les femmes ont été comparés sur le plan des revenus. L'analyse de ces données révèle que les hommes gagnent en moyenne 57,669 da, alors que le salaire moyen des femmes s'élève à 43,297da. La différence entre les deux groupes est donc significative (Test t = 2,684, dl = 28, p = 0,006). On est donc en droit d'affirmer que les hommes ont un meilleur revenu que les femmes. Et ainsi de suite...

- À la fin de la phrase, inscrire entre parenthèses les trois informations suivantes, dans l'ordre :

1. le résultat du test (ici un test t).
2. le degré de liberté du test (dl pour degré de liberté ou df en anglais).
3. la probabilité de commettre l'erreur alpha (p=) ou valeur de p (Sig. dans vos tableau SPSS.).

- Attention : dans SPSS, le p du test t est toujours bicaudal ; si votre hypothèse est unilatérale H1 = A>B ou A<B, il faut diviser ce p par 2. Ex: si SIG = 0,12/2 donc p = 0,06.

- S'ils sont significatifs, présentez les résultats de l'analyse secondaire en observant les mêmes règles.

- Consultez l'arbre de décision pour obtenir des exemples des autres tests (khi-deux, binomial, etc.)

12. PRÉSENTER VOS RÉSULTATS SOUS FORME DE TABLEAU

- La fonction d'un tableau est de présenter les principaux résultats de votre recherche sous forme de chiffres.

- La section *Analyse des données* de votre rapport final ne contient qu'**un et un seul tableau.**

- Ce tableau regroupe les données essentielles de vos analyses principale (que les résultats soient significatifs ou non) et secondaire (seulement les résultats significatifs).

- Pour faire ce tableau, lire ce qui suit ou, pour plus de détails, consultez comment faire un tableau avec WORD.

- Pour présenter votre tableau, observez les règles suivantes :

  o Placez toujours les indicateurs de l'analyse principale dans le haut du tableau; ceux de l'analyse secondaire dans le bas.

  o Donnez un **titre** précis à votre tableau.

  o Le titre doit décrire le contenu général de votre tableau.

  o Placez ce titre **au dessus** du tableau (Ex : Tableau 1).

  o Annoncez votre tableau dans le texte de votre analyse de données (Ex: Voir tableau 1).

  o Insérez votre tableau dans la section *Les résultats/Analyse principale,* autant que possible à la suite du texte qui annonce ce tableau.

- Attention : sauf exception, il n'y a qu'un seul tableau dans l'analyse des données.

- Votre tableau ne doit pas faire plus d'une page; au besoin, en réduire la taille en choisissant un caractère plus petit (10 plutôt que 12).

- Si après avoir réduit votre tableau, vous constatez qu'il est toujours trop grand pour être placé dans une seule page, séparez-le en deux tableaux; insérez celui de l'analyse principale dans l'analyse des données; celui de l'analyse secondaire en annexe.

- Voici un exemple de tableau :

Titre—» Tableau 1

Comparaisons entre les hommes et femmes sur le plan de la scolarité, du revenu et des réponses à la question 2.

Analyse principale ---»

Indicateurs	Groupes	n=	X	Test t	Valeur de p	<0,05 = *
Scolarité (en année)	Hommes	15	17,20	-0,727	0,473	
	Femmes	15	16,87			
Revenu annuel(en millier de Da)	Hommes	15	57669	2,684	0,006	*
	Femmes	15	43297			
			F	Khi carré		
Question no 2 (=oui)	Hommes	15	10	4,821	0,028	*
	Femmes	15	4			

105

ÉTAPE IV : L'INTERPRÉTATION DES RÉSULTATS

La rédaction de votre analyse des données est terminée ? Bravo, vous êtes maintenant prêt-e-s à franchir la quatrième et dernière étape de votre recherche : *l'interprétation des résultats.*

Dans cette partie, vous trouverez :

Ce qu'il faut lire avant d'interpréter vos résultats : partie II

Ce qu'il faut savoir avant de rédiger votre interprétation

1. Comment rédiger l'interprétation de vos résultats : le contenu

        A. La discussion des résultats

        B. La critique de la recherche

        C. La portée des résultats

        D. Les prospectives

        E. La conclusion

2. Comment rédiger le sommaire de votre rapport final

3. Comment rédiger les références du rapport final

4. Comment ajouter les annexes au rapport final

5. Comment assembler les parties de votre rapport final

6. Où et quand remettre votre rapport final

        Consulter l'arbre de décision

1. L'INTERPRÉTATION DE VOS RÉSULTATS :
CE QU'IL FAUT SAVOI.

- Lire attentivement le modèle d'interprétation des résultats de cette recherche.

- Interpréter consiste à **expliquer les résultats de votre recherche**

- Votre hypothèse est-elle confirmée ? Oui ou non ? Expliquer pourquoi ?

- Vous avez un modèle ci-dessus.

- Il faut expliquer les résultats de votre analyse principale, peu importe que votre hypothèse soit ou non confirmée.

- Vous devez expliquer les résultats de votre analyse secondaire, si et seulement s'ils sont significatifs.

- Vos explications doivent s'appuyer sur des faits et des théories.

- Plusieurs de ces faits et de ces théories se trouvent dans votre problématique; relisez-là !

- Vous pouvez également recourir à des explications qui figurent dans vos fiches de lecture ou vos 4 sources.
- Au besoin, vous pouvez également consulter de nouvelles sources (qui devront alors être citées en références, à la fin de votre rapport).
- Vous devez en tout temps citer vos sources dans le texte, en observant les règles de rédaction de la problématique.
- Le nous est permis à condition qu'il soit utilisé avec parcimonie (parcimonie = à quelques reprises seulement !).
- L'interprétation des résultats est un court texte de deux à trois pages, qui se divise en cinq parties.

2. RÉDIGER L'INTERPRÉTATION DES RÉSULTATS :

LE CONTENU

- La dernière section de votre rapport de recherche - *L'interprétation des résultats* - comprend cinq parties, dans l'ordre :

A. La discussion des résultats des analyses principale et secondaire.

B. La critique de la recherche : erreurs méthodologiques et validités interne et externe.

C. La portée des résultats : comparaisons avec d'autres populations et utilité de vos résultats.

D. Les prospectives de recherche : piste de recherche et recommandation.

E. Une brève conclusion.

2.1. LA DISCUSSION DES RÉSULTATS DE VOTRE RECHERCHE

- La discussion est la partie la plus importante de votre interprétation.
- Son but est d'**expliquer** au lecteur les **résultats de votre recherche.**
- Expliquer consiste à utiliser des théories ou des faits pour répondre à la question : «Pourquoi A est > B ?» ou «Pourquoi A est = B ?».
- En d'autres termes, pourquoi votre hypothèse est-elle confirmée? Pourquoi ne l'est-elle pas?
- Ces faits et ses théories se trouvent dans votre problématique, vos fiches de lectures, vos quatre sources (ou d'autres sources si nécessaire).
- Vous devez expliquer les résultats de votre analyse principale, qu'ils soient significatifs ou non.

- Le premier élément de cette explication est le raisonnement qui vous a permis de formuler votre hypothèse/objectif.
- Il faut rappeler ce raisonnement au lecteur, que votre hypothèse soit confirmée ou non.
- Vous devez ensuite expliquer les résultats de votre analyse secondaire, si et seulement s'ils sont significatifs.
- Cette partie équivaut généralement à 50 % du texte (donc à peu près une page).
- Voici maintenant un exemple de discussion des résultats.
- Attention : Il est à noter que l'exemple qui suit est plus court que le texte de votre interprétation.
- Les résultats qui font l'objet de cette discussion proviennent de l'exercice d'analyse des données fait avec SPSS.
- La discussion contient quatre éléments, dans l'ordre:
  - Le rappel des principaux résultats de l'analyse des données
  - L'hypothèse de la recherche est-elle confirmée ?
  - Explications des principaux résultats : l'écart entre les hommes et les femmes serait attribuable : 1) à la socialisation différentielle des sexes et **2) à la discrimination à l'endroit des femmes.**
  - Explication des résultats secondaires (seulement s'ils sont significatifs).

Exemple : de discussion

L'analyse des données révèle que, à scolarités égales, les hommes ont un revenu moyen supérieur à celui des femmes, ce qui confirme l'hypothèse de la présente recherche.

Deux phénomènes peuvent expliquer cet écart de revenu. D'abord, selon une étude de Dunnigan et Gravel (1992, cité dans Chamberland *et al.*, 1995), les femmes choisissent des carrières qui les mènent vers des ghettos d'emplois qui sont, en général, sous-payés, précaires, irréguliers et à temps partiel, alors que la socialisation des hommes les conduit plutôt vers des emplois traditionnels bien rémunérés (électricien, mécanicien, etc.) ou vers des professions libérales (avocat, médecin, ingénieur, etc.). Théorêt (2005) propose d'utiliser la théorie du conditionnement opérant de Skinner pour expliquer cette socialisation. En effet, cette théorie permet d'expliquer l'acquisition de nouveaux comportements...

Mais ces «choix» de carrière ne sont pas les seuls responsables de cet écart. De nombreux auteurs soutiennent qu'il existe dans le marché de l'emploi une discrimination systématique à l'endroit des femmes. En effet, des études confirment

que ces dernières gagnent un salaire moindre que celui des hommes même après avoir neutralisé les effets du niveau d'éducation, de la perception des habiletés et des arrêts de travail volontaires ou non (Jagancinski et al., 1989, cité dans Chamberland et al,. 1995)... Et ainsi de suite...

L'analyse des données secondaires indique également que les participants, à la question no 2, ont répondu... Et ainsi de suite...

2.2. LA CRITIQUE DE VOTRE RECHERCHE

- Le but de la critique est de **mettre en évidence les erreurs méthodologiques** qui se sont produites lors de votre recherche et qui menacent la validité interne et externe de vos conclusions.
- Il peut s'agir:
  - De variables parasites que vous avez omis de contrôler (voir méthodes).
  - De variables contrôlées de façon inadéquate
  - De consignes floues ou mal interprétées par les participants lors du déroulement.
  - De la désirabilité sociale des participants.
  - De la fiabilité de vos observations (observateurs bien situés, plus ou moins attentif, etc.).
  - De la maladresse des expérimentateurs lors du recrutement des participants ou du déroulement de la recherche.
  - De la mauvaise planification de la recherche.
  - D'un outil de collecte de données inadéquat, peu fidèle ou peu valide. D'une analyse des données incomplète ou erronée (analyse principale et secondaire).
  - D'erreurs ou de biais d'échantillonnage.
  - Des biais des chercheurs.
  - D'un trop petit nombre de participants (n trop petit pour faire des inférences).
  - De tout autre facteur ayant perturbé le cours normal de votre recherche.
- La critique équivaut généralement à 25 % du texte (1/2 page).
- Voici un exemple:

Exemple : de critique

Les résultats de la présente recherche doivent cependant être interprétés avec prudence puisqu'une étude de Goulet et ses collaborateurs (2002) a montré que les répondants de ce type de recherche, surtout des hommes, ont tendance à gonfler le niveau de leur revenu. Ce phénomène, attribuable à la désirabilité sociale, pourrait expliquer une partie de l'écart salarial observé entre les hommes et les femmes.

La présente étude n'a pas une portée très générale puisque les 30 répondants n'ont pas été choisis au hasard. En outre, nous constatons qu'il n'y a aucun participant âgé de plus de cinquante ans dans l'échantillon. Cet écart salarial observé dans l'ensemble de la population existe-t-il chez les plus vieux ? Nous ne pouvons malheureusement répondre à cette question. Et ainsi de suite...

Il convient de noter que nous l'est permis dans l'interprétation des résultats, à condition qu'il soit utilisé avec parcimonie.

2.3. LA PORTÉE DES RÉSULTATS DE VOTRE RECHECHE

- Le but de cette section est de **discuter de la portée** de vos résultats.
- Dans cette partie, vous devez comparer votre population à d'autres populations.
- Par exemple:
  - o Pouvez-vous comparer les résultats de votre population à d'autres populations (ex : à d'autres facultés, aux universités)?
  - o Pouvez-vous comparer les résultats obtenus ici, au Québèc, à ceux d'autres pays?
  - o Pouvez-vous comparer vos participants à des participants plus vieux ou plus jeunes ?
  - o Si vous n'avez que des femmes dans votre population, est-il possible de comparer leurs résultats à ceux qu'auraient pu obtenir les hommes?
  - o Etc.
- Attention : ne pas confondre l'objectif de cette section avec la généralisation des résultats de votre échantillon à l'ensemble de votre population (=validité externe); ici il s'agit plutôt de comparer la population à l'étude à d'autres populations semblables.
- Votre raisonnement peut s'appuyer sur des faits ou des résultats de recherche ou sur une théorie.
- Cette section = un ou deux paragraphes.
- Voici un exemple:

Exemple de portée des résultats

Il semble évident que le revenu des Québécoises est nettement inférieur à celui des Québécois. Cet écart entre les hommes et les femmes existe-t-il dans les autres provinces ? Nous avons toutes les raisons de croire que oui. En effet, les résultats d'une étude menée en Ontario révèlent que...

Il n'y avait pas de femmes très âgées dans la présente recherche. Cependant, la théorie de pouvoir de Lemay avance que les différences entre les hommes et les femmes quant à la façon d'exercer leur pouvoir de négociation sont intimement liées à la présence de stéréotypes dans l'éducation (les femmes aiment moins exercer le pouvoir que les hommes, elles sont moins pugnaces ou tenaces que les hommes, etc.), et non à leur âge. Pour cette raison, il y a fort à parier que l'on trouvera entre les femmes et les hommes plus âgés du Québec un écart de revenus comparable aux participant-e-s plus jeunes de la présente recherche.

Au Québec, il n'existe cependant aucune donnée concernant les nouveaux arrivants. En conséquence, nous suggérons de comparer le revenu des femmes et des hommes immigrants afin de vérifier si les écarts qu'on observe...

- Il convient de noter que nous l'est permis dans l'interprétation des résultats, à condition qu'il soit utilisé avec parcimonie.

2.4. LES PROSPECTIVES DE VOTRE RECHERCHE

- Le but de cette section est de **suggérer des suites** à votre recherche, afin d'enrichir ou d'approfondir les connaissances de votre thème ou domaine de recherche.
- Ici les auteurs proposent au lecteur:
  - o de nouvelles pistes ou avenues de recherche dans le domaine (au moins une).
  - o des recommandations claires sur les suites à donner à votre recherche (au moins une).
- Cette section équivaut à un ou deux paragraphes.
- Voici un exemple:

Exemple de prospectives

Quelques avenues de recherche se dessinent à la suite de cette recherche. D'abord, il serait intéressant de mieux comprendre les stratégies utilisées par les hommes et les femmes pour négocier leur salaire. En effet, des recherches faites aux États-Unis ont révélé que dans certains milieux de travail une bonne stratégie de négociation pouvait permettre de hausser son salaire de 15 à 20 % (Mick et Mhauss, 1998). Est-ce le cas au Québec ?

Ensuite, une étude réalisée en Italie par Spagg et Thy (2004) a récemment montré que les femmes avaient plus de difficulté que les hommes à demander une augmentation de salaire à leur patron. Qu'en est-il des Québécoises ? En conséquence, nous recommandons d'étudier de façon plus systématique les méthodes de négociations des salaires des Québécois et des Québécoises.

- Il convient de noter que nous l'est permis dans l'interprétation des résultats, à condition qu'il soit utilisé avec parcimonie

3. LA CONCLUSION DE VOTRE RAPPORT DE RECHERCHE

- Le tout dernier paragraphe de votre interprétation est la conclusion.
- Son but est de rappeler au lecteur:
  - que votre **hypothèse est confirmée ou non** (ou que votre objectif est atteint ou non).
  - que vous avez découvert un phénomène nouveau en analysant vos données secondaires (résultats significatifs).
  - qu'il existe des problèmes en suspend, c.-à-d. « ce que l'on ne sait pas » mais qui mériteraient éventuellement d'être étudiés plus à fond. Il s'agit donc d'une ouverture ou d'un élargissement de la question.

Exemple de conclusion

En conclusion, les résultats de la présente recherche montrent clairement qu'à scolarités égales le revenu moyen des femmes est inférieur au revenu moyen des hommes. Les hommes et les femmes affirment cependant être conscients de l'existence de cet écart. On ne sait toutefois pas avec précision quels facteurs sont à l'origine de cette discrimination envers les femmes. Ces facteurs mériteraient donc d'être étudiés de façon plus sérieuse et systématique.

- Votre conclusion ne peut contenir de nouvelles idées.
- Attention : Les couleurs de cette page - rouge, bleu, vert et orange - sont utilisées pour attirer votre attention; il est donc inutile de les utiliser dans votre rapport.
- Vous avez terminé la conclusion de votre *Interprétation des résultats* ? Rédigez maintenant votre sommaire.

4. **LE SOMMAIRE DE VOTRE RECHERCHE**
   - Le sommaire est le résumé de votre recherche.
   - On le place entre la page de présentation et la problématique.
   - Plus de détail sur le contenu du sommaire?

5. **LES RÉFÉRENCES DE VOTRE RAPPORT FINAL**
   - Les références sont les 4 sources ou plus sur lesquelles vous vous êtes appuyés pour rédiger votre rapport de recherche.
   - Ces références sont placées à la fin du rapport final, entre la conclusion de l'interprétation et les annexes.
   - Plus de détail pour rédiger ces références?
   - Les annexes sont placées à la suite des références.
   - Elles contiennent divers éléments, selon le cas : une copie vierge de l'outil (grille ou questionnaire), un croquis de la situation expérimentale ou du site d'observation, du matériel de recherche, une figure ou un tableau supplémentaires, etc.
   - Plus de détail sur le contenu des annexes?

6. **LES ANNEXES DE VOTRE RAPPORT FINAL**
   - Les annexes sont placées à la suite des références.
   - Elles contiennent divers éléments, selon le cas : une copie vierge de l'outil (grille ou questionnaire), un croquis de la situation expérimentale ou du site d'observation, du matériel de recherche, une figure ou un tableau supplémentaires, etc.
   - Plus de détail sur le contenu des annexes?

7. **ASSEMBLER LES PARTIES DE VOTRE RAPPORT**
   - Votre rapport final, dans l'ordre :
     o Page de présentation
     o Sommaire
     o Problématique
     o Méthode
     o Analyse des données
     o Interprétation des résultats
     o Références
     o Annexes
     o Autres
   - Plus de détails?

8. REMISE DU RAPPORT FINAL

- Attention : remise du rapport final, à monsieur le promoteur pour accord de soutenance.

8.1. COMMENT RÉDIGER VOTRE SOMMAIRE

La rédaction de *l'interprétation des résultats* est terminée ? Bravo, vous pouvez maintenant rédiger le sommaire de votre recherche.

Dans cette partie, vous trouverez :

Qu'est-ce qu'un sommaire d'article scientifique

Les 4 éléments de votre sommaire

Un exemple de sommaire

Retour à l'interprétation des résultats

Ce qu'il faut placer en annexe de votre rapport final

Le contenu de votre rapport final

Où suis-je?

✓ QU'EST-CE QU'UN SOMMAIRE SCIENTIFIQUE ?

- Le sommaire est le résumé de votre rapport final, donc de votre recherche.
- En anglais, on dit *Abstract*.
- Le sommaire remplace la table des matières dans les rapports rédigés sous forme d'article scientifique.
- Voici les caractéristiques de votre sommaire:
  - o Un seul paragraphe de 15 à 25 lignes, à simple interligne, qui résume votre recherche.
  - o Citez vos sources comme dans la problématique et l'interprétation des résultats.
  - o Pas de nous, pas de je.
  - o Le texte est annoncé par le titre **- Sommaire -** centré, sur une page seule.
  - o Cette page est placée entre la page titre de votre rapport final et votre problématique enrichie.

✓ LE CONTENU DE VOTRE SOMMAIRE

- Votre sommaire contient les 4 éléments suivants :
  - o La problématique
    - Le problème de recherche
    - L'hypothèse ou l'objectif de la recherche.
  - o La méthode

114

- Population, échantillon, groupe.
- La procédure d'échantillonnage
- La méthode et l'outil
  - L'analyse des données
  - L'hypothèse est-elle confirmée ou infirmée ?
    - Principaux résultats
    - Résultats secondaires (s'ils sont significatifs et que les principaux résultats, eux, ne le sont pas).
  - L'interprétation des résultats (on dit aussi La discussion)
    - Présentez brièvement la théorie, l'explication ou le raisonnement qui permet de rendre compte de vos principaux résultats, sans entrer dans les détails.

Exemple d'un sommaire

Sommaire

L'objectif de cette recherche est de comparer le revenu des Québécois et des Québécoises. Dans les années 90 des études ont montré que les femmes gagnaient 65 % du salaire des hommes (Tremblay et Gagnon, 1993). Est-ce encore le cas aujourd'hui ? Une enquête de l'Organisation Mondiale de la Santé (2001) indique que dans la plupart des pays industrialisés le niveau de scolarité des femmes a considérablement augmenté ces dernières années. En dépit de ces progrès, l'écart entre le salaire des hommes et des femmes se maintient (Statistiques Canada, 2004). La présente étude a donc pour but de vérifier l'hypothèse selon laquelle, au Québec, les hommes ont un revenu moyen supérieur au revenu des femmes. Afin de vérifier cette hypothèse, une enquête est menée auprès de 30 Québécois-e-s, 15 hommes et 15 femmes, choisis accidentellement. Les participants doivent répondre à un court questionnaire visant notamment à évaluer leur revenu et leur degré de scolarité. L'analyse des données révèle que les niveaux moyens de scolarité des hommes et des femmes sont équivalents. Malgré ce fait, les hommes ont des revenus 30 % supérieur au revenu des femmes. L'hypothèse de cette recherche est donc confirmée. Comment expliquer cet écart ? Des études réalisées au Québec au début des années 90 ont montré que les aspirations et les choix vocationnels des hommes et des femmes étaient encore fortement stéréotypés (Décary et Théorêt, 1994). En effet, les femmes ont tendance à faire des études dans des secteurs traditionnels (la santé, le secrétariat, la beauté, etc.) qui mènent à des emplois généralement moins bien rémunérés que les emplois occupés par des hommes dans les secteurs scientifiques et industriels. D'autres recherches devront être menées afin de déterminer la nature exacte des facteurs à l'origine de ces choix stéréotypés.

8.2. QUE FAUT-IL METTRE EN ANNEXE D'UN RAPPORT DE RECHERCHE?

Placez en annexe:

- Annexe I : l'outil de collecte de données (selon le cas, une copie vierge de la grille d'observation, de la grille de consignation, du questionnaire ou du schéma d'entrevue).

- Annexe II : Autre matériel ayant servi à la recherche (questionnaire-bidon, photos, croquis du site d'observation, productions dont le contenu a été analysé (publicités, éditoriaux, petites annonces, etc.).

- Annexe III : tableaux et figures supplémentaires qui ne peuvent être placés dans votre analyse de données.

- Placez les annexes après les références.

- Annoncez les annexes en plaçant le mot **Annexe** au haut de la page concernée, en commençant par **Annexe I**.

Inclure aussi à la fin du travail, mais pas en annexe:

- Vos données brutes (toutes les grilles d'observation, de consignation ou les questionnaires ayant servi à la collecte des données).

- Sur une disquette ou un disque CD, les fichiers SPSS (matrice de données), Excel (figures et tableaux) ou Word (fichier d'objectif + tableaux).

- Inscrire votre nom sur la disquette ou le disque qui contient ces fichiers.

- Lettre de présentation de votre recherche (si vous en avez rédigé une).

- Voir aussi critères de correction du rapport final.

8.3. RÈGLES DE PRÉSENTATION D'UN RAPPORT DE RECHERCHE

Règles de rédaction :

- Faire une page-titre.

- Pas de table des matières; inutile pour un rapport rédigé sous forme d'article scientifique.

- Au besoin, inscrire les titres (Méthode, Analyse des données, Interprétation des résultats, Références, Sommaire).

- Sous-titrez seulement la section Méthode (Participants, Matériel, Déroulement, Plan de la recherche) et la section Analyse des données (Les méthodes d'analyse, Les résultats).

- Pas de titre ou de sous-titre pour la problématique, sauf « Références ».

- Observez les règles du style scientifique.
- Dans votre problématique, appliquez le principe de l'entonnoir.
- Citez textuellement les définitions.
- Dans tous les autres cas, optez pour la paraphrase plutôt que la citation (ou le plagiat !).
- Corrigez vos fautes; utilisez un dictionnaire et un Bescherelle.
- Pas de caractères gras.
- Les caractères *italiques* pour *et al,* les autres mots en latin et certains mots des notices en références.
- Pas de soulignement, sauf si l'italique n'est pas clair.
- Dans le texte placez vos références entre parenthèses.
- Écrivez en lettre les nombres inférieurs à 9.
- Indiquez les pages consultées lors que vous citez une définition mot à mot.
- Donnez un titre à votre tableau et à votre figure.

Règles d'impression :
- Imprimez vos rapports à interligne et demi, sauf le sommaire du rapport final (à interligne simple).
- Justifiez votre texte; paginez à droite, en bas de préférence.
- Utilisez les polices Arial,Time, Verdana, Helvetica ou Comic, 10 ou 12 pts à votre choix.
- Placez les marges gauche-droite et haut-bas à 2,.5 cm.
- Rédigez le sommaire du rapport III à simple interligne, un seul paragraphe, sur une feuille placée entre la page-titre et la problématique.
- Inutile de gaspiller une feuille pour annoncer les annexes du rapport III; placez le tout à la suite des références.
- Dans le rapport I et III, placez la section Références à la suite de la conclusion.
- Placez les annexes du rapport III après les références.
- Pas de boudins ou de reliure; utilisez plutôt une agrafe ou une pince pour présenter vos rapports.
- Remettre le rapport III dans une enveloppe

RAPPORT FINAL

Votre rapport final, rédigé sous forme d'article scientifique, contient dans l'ordre:

- La page titre (comprenant le titre complet----> les variable(s) à l'étude + population).
- Le sommaire (N.B. pas de table des matières dans un rapport de recherche de type article scientifique).
- La problématique corrigée et enrichie (au moins 4 sources, références à la fin du rapport).
- La méthode revue et corrigée (sans page-titre, cela va de soi !).
- L'analyse de vos données (par écrit + 1 tableau + 1 ou 2 figures, selon le cas).
- L'interprétation de vos résultats, divisée en cinq parties.
- Les références, présentées selon les règles.
- Enfin, les annexes (après les références, même si le livre suggère le contraire).
- Si votre recherche tenait en une page, on obtiendrait ceci :
  - o Page titre
  - o Sommaire
  - o Problématique
  - o Méthode
  - o Analyse des données
  - o Interprétation des résultats
  - o Références
  - o Annexe I
  - o Annexe II (s'il y a lieu)

Ajoutez également à votre rapport:

- Les données brutes : matériel utilisé lors de l'expérience (photos, lignes, test), grilles d'observation, de consignation ou questionnaires utilisées lors de votre collecte de données.
- Les fiches de lecture de toutes vos sources (nécessaires !).

Sur une disquette, un CD ou une mémoire-usb:

- Les fichiers SPSS de la matrice de données (.sav) et des analyses (.spo) + celui des objectifs d'analyse dans WORD (+ EXCEL si vous avez fait vos figures avec ce logiciel).
- Tout autre fichier pertinent à la rédaction de votre rapport final.

ATTENTION !

- **Le rapport final**
- Présentez votre rapport selon les règles de présentation décrites dans cet ouvrage.
- Assurez-vous que les noms de tous ceux et celles qui ont participé à la rédaction du rapport final figurent sur la page-titre.
- Assurez-vous également d'avoir une copie de votre rapport final avant de le remettre à votre promoteur.
- Feuilles agrafées, pas de cahier à anneaux.
- Inscrire votre nom sur les fiches de lecture et la disquette ou le disque.
- Remettre le tout en main propre au promoteur.

8.4. LES CRITÈRES DE CORRECTION

- Qualité de la langue : style scientifique, ponctuation, orthographe et syntaxe.
- Qualité de la présentation : pagination, marge, paragraphe, titres et sous-titres, numérotation des tableaux et figures, présentation des annexes, etc.
- Titre : comprend les variables étudiées, leur relation et la population à l'étude.
- Sommaire : sur une page seule placée après la page de présentation; ne dépasse pas un paragraphe de 15 à 25 lignes, à simple interligne, et résume bien les quatre étapes de votre recherche.
- Problématique : respecte le principe de l'entonnoir, présente des définitions, des explications (théories et concepts) et des recherches (faits, méthode ; plus résultats en détail d'une recherche pertinente), s'appuie sur au moins quatre sources, présente clairement un problème de recherche, pose une question et formule un objectif précis ou une hypothèse claire (5 à 6 pages).
- Méthode : 1) participants; 2) matériel; 3) déroulement en 3 étapes; 4) plan de la recherche; + modifications faites à la suite de mes corrections (2 à 3 pages).
- Analyse des données : présente les résultats des analyses principale et secondaire, sans discussion; un tableau (un seul), des figures (2 au maximum) accompagnent les résultats pertinents; les analyses pertinentes sont faites, les résultats sont correctement présentés dans le texte et entre parenthèses (2 à 3 pages).
- Interprétation des résultats : précise si votre hypothèse a été confirmée ou non (objectif atteint ou non), explications claires des résultats pertinents, en lien avec la problématique et fondées sur des données et des théories scientifiques (=discussion), critique de la

validité interne et externe de votre recherche, analyse de la portée des résultats, examen de quelques prospectives, brève conclusion (2 à 3 pages).

- La section références : contient au moins 4 sources scientifiques, citées correctement dans le texte et présentées selon les normes.

- Annexes : contiennent les éléments demandés (copie de l'outil, autre matériel, questionnaire-bidon, croquis du site d'observation, lettre de présentation de la recherche, etc.).

- Fiches de lecture des quatre sources : informations pertinentes, fiches correctement numérotées, sources clairement identifiées. Le tout dans une enveloppe ou correctement retenu par une pince ou un élastique.

- Disquette, CD ou clé USB contenant les fichiers SPSS, EXCEL et WORD. Assurez-vous que ça fonctionne !

Conclusion : Les étapes d'un travail scientifique:

1. Le choix d'un sujet :

Le choix d'un sujet est une opération importante, mais sur laquelle il ne faut pas perdre trop de temps. Ne cherchez pas le sujet «tripant» idéal. Durant votre carrière d'étudiant vous aurez de nombreux sujets à étudier et il est bon de varier ses centres d'intérêt. D'autres part, même si c'est un cliché, il apparait que tous les sujets deviennent intéressants quant ont commence à en savoir un peu plus et qu'on y a découverts des éléments nouveaux. Le cours vous impose d'associer un travail dans un autre cours avec celui dans ces cours-ci. Cela réduit déjà considérablement l'éventail des sujets possibles. Un bon sujet doit cependant recouper les conditions suivantes :

- Voir si le sujet est un objet d'étude des sciences sociales et humaines.

Comme il est dit à travers cet ouvrage, il existe une manière scientifique de poser un thème de recherche. *Grosso modo*, un objet scientifique doit pouvoir être posé en termes neutres, pouvoir se prêter à une investigation, à une étude et enfin à la vérification des résultats obtenus. Autrement, l'objet des sciences sociales et humaines peut se résumer à l'étude des individus, des relations entre les individus, des collectivités et des institutions.

- Voir si vous avez des connaissances préalables.

Il est préférable de posséder des connaissances minimales sur un thème avant d'en débuter l'étude. Cela permet de perdre moins de temps au départ à identifier les dimensions d'un sujet et d'en faire l'apprentissage. Il est cependant facile de se doter rapidement d'un minimum de connaissances sur un objet en consultant un article d'encyclopédie en particulier.

- Voir son intérêt.

Un minimum d'intérêt pour le sujet est nécessaire. Si le prof semble plus intéressé que vous par le thème cela est mauvais signe. Il faut avoir sincèrement le goût d'en savoir davantage. Le simple attrait de la note ne fait généralement pas de bon sujet de recherche.

- Identifier les ressources disponibles.

Même si vous n'en savez pas long au départ sur votre sujet, vous pouvez spontanément voir les ressources qui sont à votre portée. Ainsi vous savez déjà qu'il vous serait plus facile de trouver des informations sur un sujet concernant l'échec scolaire qu'un autre concernant le traumatisme par exemple. L'inventaire des ressources disponibles passe en général par les questions suivantes : Les bibliothèques possèdent-elles plusieurs bons livres sur le sujet ? Y a-t-il quelqu'un dans mon entourage qui pourrait éventuellement me dépanner sur le sujet ?

Pourrais-je faire une recherche sur ce sujet sans avoir à approfondir durant des mois ou à me ruiner en frais de photocopies ou de déplacement ?

- Trouver un binôme motivé.

Pour ce cours le travail en équipe est obligatoire. Il est cependant très formateur puisqu'il vous force à verbaliser et à discuter de vos convictions avec quelqu'un d'autres. Par ailleurs, pour le reste de votre vie, vous aurez de plus en plus à travailler en équipe .Certains critères peuvent aider à choisir de bons collaborateurs. Vous avez déjà travaillé ensemble et ça s'est avéré rentable. Vous êtes attirés par le même type de sujet. Elle ou il vous paraît une personne sérieuse et respectueuse

La recension des écrits :

La recension des écrits consiste à faire le tour des livres et des articles les plus importants qui existent déjà sur le sujet qu'on veut étudier. Cela évite d'une part de «défoncer des portes ouvertes», soit d'aborder un problème déjà surexploité ou résolu par la science. Cela permet d'autre part de poser une meilleure problématique, qui tienne compte de l'état actuel des connaissances et qui utilise des concepts et une formulation corrects en regard de la science.

Pour trouver des livres sur un sujet, le moyen le plus courant est de taper des mots-clés sur votre ordinateur (internet) et de consulter les ouvrages retenus. Ce truc est rapide, mais trop d'étudiant s'arrêtent là. Non seulement l'ordinateur n'index pas tous les livres, mais en plus vous ne retracez ainsi ni les articles de revues, ni les ouvrages de référence générale.

Pour faire une bonne recension des écrits nous vous suggérons la marche suivante :

2.1. Photocopier un ou deux articles d'encyclopédie sur votre sujet afin de faire un tour du sujet et de vous doter d'une série de mots-clés utiles pour poursuivre votre recherche.

2.2 Taper des mots-clés dans l'ordinateur et de consulter les ouvrages retenus (chercher également dans le fichier à papier si nécessaire). Consultez prioritairement les ouvrages de références qui donnent une information plus brève et plus neutre qui s'avère souvent suffisante.

2.3 Identifier la section de la bibliothèque où se trouvent les livres les plus intéressants et regarder les autres ouvrages.

2.4 Après avoir pris les références des périodiques, aller consulter ceux qui sont disponibles à la bibliothèque et photocopiez les plus pertinents. En effet, contrairement aux livres, il est conseillé de posséder une copie intégrale des meilleurs articles qui sont généralement très précieux pour réaliser sa recherche.

2. **La problématique :**

La problématique est une interrogation sur un objet donné dont l'exploration est à la portée du chercheur étant donné ses ressources et l'état actuel de la théorie. Il faut bien prendre soin de formuler clairement et précisément notre question puisque c'est à celle-ci que nous tenterons de répondre. Le problème de recherche doit être susceptible d'un traitement scientifique et doit prendre en compte l'état des connaissances sur un sujet. Elle doit en particulier permettre de circonscrire son thème de recherche et de clairement délimiter les concepts qui seront abordés. Elle présente certaines qualités nécessaires

- La problématique est un énoncé présenté dans une forme interrogative
- Le problème posé est objet de science.
- La problématique permet de bien délimiter un sujet d'étude
- Elle se situe dans les grands débats de l'heure. En ce sens vous ne tentez pas de *défoncer des portes ouvertes* (De là l'importance de bien connaitre la documentation avant de la poser).
- Elle est originale, imaginative et fait foi d'une connaissance aiguë du sujet.

3. **Hypothèse :**

L'hypothèse se présente comme une phrase qui représente une réponse plausible à une question de recherche (la problématique). Il est important que les mots utilisés soient clairs et neutres ; qu'ils soient précis et ne laissent pas percer ni flou, ni préjugé. La fonction de l'hypothèse est double : organiser la recherche autour d'un but précis - vérifier la validité de l'hypothèse - et organiser la rédaction, puisque tous les éléments du texte devront désormais avoir une utilité quelconque vis-à-vis de l'hypothèse.

Plus précisément, l'hypothèse prédit une relation entre deux phénomènes. Par exemple, dans la question : «*Qu'est ce qui cause A ?*», une hypothèse pourrait être «*C'est B qui cause A*». Enfin, cette réponse plausible doit être vérifiable. En ce sens vous devez très clairement présenter comment vous entendez le prouver pour que quelqu'un qui ne vous croît pas puisse refaire la recherche et arriver aux mêmes résultats.

Ces phénomènes que l'hypothèse doit mettre en relation sont appelés *VARIABLES*, puisque c'est la variation en qualité ou en quantité de certains phénomènes que l'on souhaite observer. Même si une hypothèse peut être fort complexe et présenter plusieurs types de variables, il n'y a par définition que deux types de variables.

La variable dépendante(VD) : Celle dont on veut observer l'effet

La variable indépendante(VI): Celle qui est l'objet d'étude et sur laquelle on veut observer l'effet de la variable dépendante. Selon la nature de ses variables, une hypothèse présente des qualités différentes. On distingue :

Hypothèse univariée : où on étudie l'évolution d'une seule variable indépendante, par exemple dans le temps ou dans l'espace.

Hypothèse bivariéee : où on étudie la relation entre une VI et une VD. Cette relation peut être *causale*. « L'alcool provoque la perte de réflexe» ou *covariante* : «*Moins les gens vont à la mosquée tôt le matin, plus ils se couchent tard le soir*». La covariance n'implique donc pas une relation de cause à effet, mais, plus simplement, une évolution parallèle, soit directe soit inverse.

Hypothèse multivariée : où on étudie la relation de plusieurs variables dépendantes sur une variable indépendante. Par exemple «*La pauvreté, le travail et le manque d'espoir des jeunes sont les causes du décrochage scolaire*».

4. La clarification des concepts :

Si votre hypothèse présente les qualités d'une question scientifique, elle utilise donc des termes précis et univoques. Malgré cela, dans une recherche scientifique, les termes-clés de l'hypothèse font toujours l'objet d'une clarification. Il s'agit de donner une définition scientifique et complète du sens dans lequel ce concept sera employé pour votre recherche. Ça peut ressembler à du *politically correct*. Ainsi le mot «*gros*» doit être remplacé par «*obèse*» parce qu'il est plus neutre et, même là, vous devez clarifier le concept d'«*obèse*» dans ses moindres détails en précisant, entre autres, que «*Dans cette recherche, nous considéreront comme obèse toute personne dont le poids dépasse de 20% son «poids idéal» tel que prescrit pas le Ministère de Santé*».

La marche à suivre pour clarifier ses concepts est la suivante :

* Vérifier le sens propre et les sens figurés dans un dictionnaire général
* Vérifier les diverses acceptions dans un dictionnaire spécialisé
* Vérifier l'usage de ce terme chez les auteurs pour voir l'usage qu'ils font de ce concept
* Établissez dans quel sens vous utiliserez ce concept dans votre recherche et fournissez votre définition lors de la présentation de la problématique.

5. L'opérationnalisation :

C'est une opération cruciale à laquelle il faut passer pas mal de temps au risque d'en perdre beaucoup par la suite. Il s'agit - à partir des termes de l'hypothèse - de poser les diverses dimensions qu'elle implique et, à leur tour, de décomposer ces dimensions en indicateurs ou en indices, qui sont des unités élémentaires, généralement abstraites et mesurables.

Distinguons donc :

Concepts : généralement associés aux variables de son hypothèse. Ce sont des mots-clés complexes dont l'analyse attentive nécessite qu'on les sépare en dimensions

Dimensions : Ce sont les différentes facettes d'un concept, un peut comme les trois faces d'un triangle. Ainsi une personne a au moins une *dimension physique* et une *dimension psychique*.

Indicateurs : La dimension reste un concept souvent trop général. L'indicateur, lui, prend la forme d'une unité élémentaire qu'on peut mesurer et circonscrire d'une manière claire et scientifique.

Votre conceptualisation ou schéma *conceptuel* devra changer et se préciser à mesure que vous poursuivez votre recherche. Il vous permettra de construire votre plan provisoire, votre plan définitif et pourrait se retrouver tel quel à votre table des matières. Ainsi, on pourra imaginer votre travail final.

Liste Bibliographique

Bertrand, Richard. Valiquette, Claude. **Pratique de l'analyse statistique des données.** Sillery, Québec, Presses de l'Université du Québec, 1986a. xix, 379 p. ; ill.

Gilles, Alain. **Éléments de méthodologies et d'analyse statistique pour les sciences sociales.** Saint-Laurent (Québec), McGraw-Hill, 1994. xii, 571 p. ; ill.

Howell, David C. **Méthodes statistiques en sciences humaines.** [Bruxelles], De Boeck Université, 1999a. x, 821 p. ; ill., graph. + 24 cm. Bibliothèque. Collection générale : BF39H694.1999. X02050988;

Huot, Réjean. **Méthodes quantitatives pour les sciences humaines.** [Sainte-Foy, Québec], Presses de l'Université Laval, 1999b. xi, 387 p. ; ill., formules.

Ouellet, Fernando. Baillargeon, Gérald. **Traitement de données avec SPSS pour Windows : édition 8.**0 : version étudiante, version professionnelle : applications en gestion des ressources humaines, gestion de la production, finance, assurance qualité, marketing. Trois-Rivières, Québec, Éditions SMG, 1999a. ix.

Plaisent, Michel. **SPSS 11.0 pour Windows .** Sainte-Foy, Québec : Presses de l'Université du Québec,2002., viii, 81 p. :ill. ;23 cm.

Sanders, Donald H., Allard, François. **Les statistiques, une approche nouvelle.** Montréal (Québec)., McGraw-Hill, 1986. xiii, 498 p. ; ill.

126

SOMMAIRE

129

Printed in Great Britain
by Amazon